ちくま学芸文庫

アステカ・マヤの神話

カール・タウベ
藤田美砂子 訳

JN165960

筑摩書房

Aztec and Maya Myths
by
Karl Taube

© 1993 Karl Taube

Japanese translation published by arrangement with Karl Taube through The English Agency (Japan) Ltd.
All rights reserved. No part of this book may be reproduced by any mechanical, photographic, or electrical and electronic processes, or in the form of a phonographic recording, nor may it be stored in a retrieval system, transmitted, or otherwise copies for public or private use without the written permission of the publisher.

アステカ・マヤの神話【目次】

マヤの神話……129

メソアメリカ
メキシコ湾
[ユカタン]
コバー
ツィビルチャルトゥン
チチェン・イツァー
マヤパン
トゥルム
ウシュマル
ハイナ
ラブナ
サイール
[カンペチェ]
マヤ低地
[キンタナロー]
サンタ・リタ
セロス
コアツァコアルコス川
ウスマシンタ川
エル・ミラドール
ラマナイ
アルトゥン・ア
[タバスコ]
ラ・ベンタ
ワシャクトゥン
ティカル
パレンケ
ピエドラス・ネグラス
ベリーズ
ヤシュチラン
パシオン川
ボナンパク
[ペテン]
チアパ・デ・コルソ
トラティルコ
[チアパス]
グアテマラ
キリグア
マヤ高地
ネバフ
ウタトラン
モタグア川
コパン
ホンジュラス
イサパ
イシムチェ
カミナルフユ
エル・バウル
オコス
アバフ・タカリク
エルサルバドル

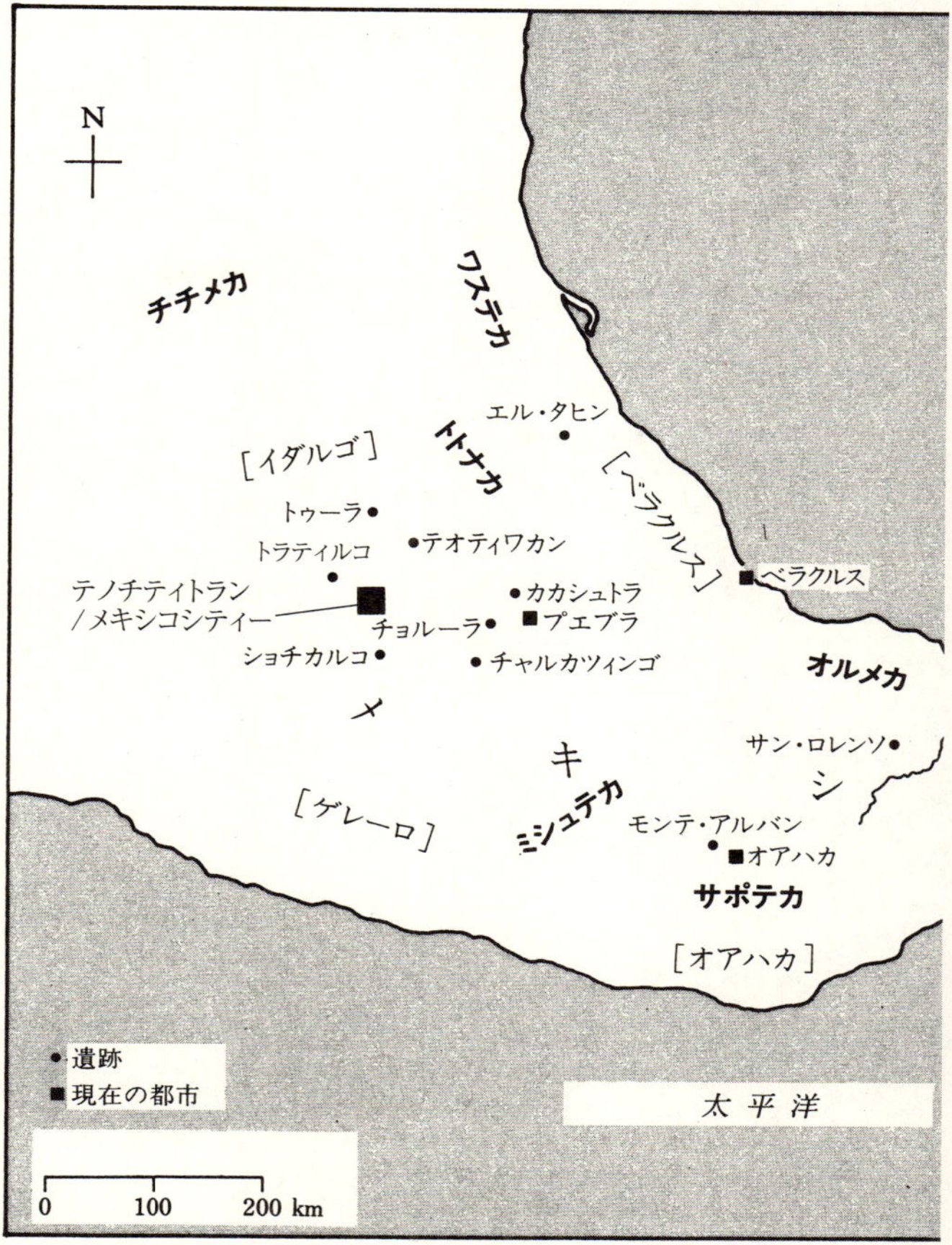
N
チチメカ
ワステカ
エル・タヒン
トトナカ
［イダルゴ］
［ベラクルス］
トゥーラ
テオティワカン
トラティルコ
ベラクルス
テノチティトラン
/メキシコシティー
カカシュトラ
プエブラ
チョルーラ
ショチカルコ
チャルカツィンゴ
オルメカ
メ
キ
シ
サン・ロレンソ
［ゲレーロ］
ミシュテカ
モンテ・アルバン
オアハカ
サポテカ
［オアハカ］
遺跡
現在の都市
太平洋
0
100
200 km

アステカ・マヤの神話

大都市テオティワカン。後古典期の中央メキシコの神話によれば、太陽と月はこの地で誕生した。

序

一四九二年といえば、新世界の人々とルネサンス期のヨーロッパ人とが最初に接触をもった年だが、スペイン人探検家がメキシコ南部を中心とする中米土着の大文明にはじめて遭遇したのは、実は一六世紀に入ってからのことだった。この地域の人々は複雑な行政・政治機構をもつ大都市に暮らし、難解な文字や暦法を使用していたばかりか、洗練された詩や音楽、踊り、そして絵画や彫刻を嗜《たしな》んだ。だが不幸なことに、当時のヨーロッパ人の目を引いたのはこうした高度な文化ではなく、黄金や財宝であった。一五二一年、アステカ王国の都テノチティトランが陥落すると、財宝の数々はそのごく一部とわずかな記録だけを残し、略奪されてしまう。一方、一五二〇年のブリュッセルでは、ドイツ人画家アルブレヒト・デューラーが、エルナン・コステスから時の皇帝、カール五世に送られたアステカの宝物を拝観していた。「これほど心が躍るものに出会ったことはかつてなかった。とにかくこれらの品々には、見事な芸術美が認められるのである。異国の人々のもつ鋭敏な知性には、まったく驚かされる」。デューラーは知るはずもなかったが、こうした美術工芸品の数々は、作品そのものと同様に洗練された、きわめて複雑な思想を表現したものだったのである。

スペイン人の征服によって、絵文書や彫刻をはじめとする美術品が大量に破壊されてしまったのは、もちろん嘆かわしいことではあった。だが、それよりも文化的にはかり知れない損失となったのは、殺戮や疫病の流行、過酷な労働、改宗などによって、土着の慣習や観念が滅ぼされてしまったことだ。本書でとりあげる神話も、大部分が今では世界各地の大博物館や図書館で厳重に保管されている、数少ない貴重な文献から集めたものである。しかし、ここに描かれているのはけっして死滅した部族の死せる神などではない。これらの神話は、アステカ人、マヤ人をはじめ、メキシコや中米の諸部族の後裔の観念や言語のなかで、今なお生き続けているのである。

古代アステカおよびマヤ文明(現在ではこれらを総称して〝メソアメリカ文明〟と呼ぶのが一般化している)の地理的な範囲は、メキシコ南部と東部から、グアテマラ、ベリーズ、エルサルバドルの全域、ホンジュラス西部および南部、そしてコスタリカの太平洋側、ニコヤ半島にまたがる。古代メソアメリカ人には共通した特徴がいくつかあった。なかでも有名なのは、約五二年で一周する二六〇日暦と三六五日暦の二種類の暦、絵文字、屏風状に折りたたんだ絵文書、石輪付きの球技場であろう。この地域の人々はそれぞれに個別の文化を形成し、多くの場合、言語も異にしていたが、千年もの間、移動、交易、征服、巡礼をくり返していたことから、周辺地域とはかなり広域にわたって交流があった。それゆえ、アステカ、マヤをはじめ、古代メソアメリカ神話に多くの共通したテーマがあったとしても、何ら驚くにはあたらない。

本書に登場する神々や象徴、神話のエピソードには、旧世界と驚くほど似ているものがあるが、これらはみな独自に発展していったものであって、一六世紀より前に旧世界と新世界の間に交流があったという形跡はどこにもない。新世界の他の先住民族と同様、メソアメリカの住民は氷河時代の末期、シベリアとアラスカに挟まれたベーリング海峡を渡ってきた人々である。シャーマニズムの変形や月のウサギ、方角と樹木を重んじる点などはまさに東アジアとの結びつきを示すもので、紀元前一万年紀にこれらの人々がはじめて渡来してきたときに持ち込まれた可能性が高い。

古代メソアメリカ史

シュメールやエジプトをはじめとする旧世界の古代文明と比べると、メソアメリカの文明は比較的新しく興ったものといえる。この地域で最初に成立したオルメカ文化は、おそらくこの周辺では文明と呼ぶにふさわしい最初の文化で、ベラクルス州南部から隣接するタバスコ州の熱帯の低地で栄えた。オルメカ人は紀元前一二世紀までには、宇宙、神々、支配者のシンボルなどが組み合わされた図像を表わす石碑や祭壇をつくっていた。そしてのちのメソアメリカ社会と同じように、オルメカ経済も農耕、とりわけ今でもメソアメリカで最も重要な作物である、トウモロコシの栽培で成り立っていた。初期におけるもう一つの文明、高地のオアハカに興ったサポテカは、メソアメリカで最初に暦法と文字を使用した文化と考えられており、紀元前六〇〇年までには歴史的にも重要とされる暦の情報を記

オルメカ様式の石斧。頭頂部の切れ込みが斧になっている。形成期中期、前600年ころ（ロンドン、人類博物館蔵）

している。丘陵上に建設された都市、モンテ・アルバンはサポテカの都として千年の長きにわたって繁栄した。オルメカは紀元前四〇〇年までには滅びてしまったが、サポテカ人は現在でもオアハカ州の代表的な部族である。

原古典期（紀元前一〇〇年〜後二〇〇年）には、古代メソアメリカのほぼ全域で複雑な都市文化の発達がみられるようになる。メソアメリカ東部のマヤ地域では、イサパ、アバフ・タカリク、カミナルフユ、エル・ミラドール、ワシャクトゥン、ティカルの諸王によって、荘厳な石碑や建造物が建立されはじめていた。とくにイサパには、まぎれもなく神話のエピソードを描いたと思われる石碑が多数ある。

すでに原古典期から使われていたマヤ文字が、さらに発達して複雑かつ重要なものとなったのは、続く古典期（後二〇〇年〜九〇〇年）になってからである。マヤ文字の解読によって、今日ではマヤの神々、都市、諸王の名が実際どのように発音されていたかがわかるようになった。また、文字を伴った美術工芸品の数々は、古典期マヤ神話のさまざまな側面を実にいきいきと伝えてくれる。パレンケやヤシュチラン、ティカル、コパンなどの遺跡で発見された美術品や建造物の完成度が高いことから、マヤの最盛期は古典期だといわれている。これらの地域の人々に共通の観念があったことは間違いのないところだが、古典期のマヤが一度でも統一国家であったとか、互いに同盟を結んでいたという形跡はない。それどころか、互いに覇を競い合う都市国家の様相を呈しており、古典期の末頃までには多数の都市が放棄されてしまっている。しかし、それでマヤ文明が消滅したわけではなかった。有名な大叙事詩『ポポル・ヴフ』は、一六世紀にマヤのキチェ人によって書かれたものであるし、現代のマヤ人の間では、説話の伝統が今日も変わらず守られている。しかしながら、本書では主として先スペイン期のマヤ神話に焦点を当てることにする。

原古典期のメキシコ中央部でとりわけ繁栄したのが、のちにアステカ人により「神々の場所」と名づけられた地、すなわちテオティワカンである。アステカの神話によれば、太陽と月はこの地で創造されたという。アステカ人はこの神話にちなんで、二つのピラミッドをそれぞれ「太陽」、「月」と名づけた。大きいほう

トウモロコシを運ぶ雨の神トラロク。テオティワカン遺跡の壁画より。古典期。

の「太陽のピラミッド」が建設されたのは西暦紀元の始まりのころのことといわれるが、この巨大な建造物はちょうど天然の洞窟の真上に建てられている。これはのちのメソアメリカの創世神話で、大地から人間が現われたという有名なエピソードと関係があるのかもしれない。古典期全盛期のテオティワカンの都は、面積にして二〇平方キロ、人口はおそらく二〇万にものぼったと思われる。都のあらゆる建物の壁は見事な壁画で覆われ、その多くがのちにメキシコ中央部のトルテカ、アステカ文化に継承される神々を描いたものだった。

しかし、後古典期前期（後九〇〇年〜一二五〇年）までにはテオティワカン、モンテ・アルバンをはじめ、多数のマヤの都市が事実上、放棄されることとなる。この時期に興ったメキシコ中央部のトゥーラの遺跡は、有名なケツァルコアトル神と同名の人物、トピルツィン＝ケツァルコアトルの支配していたトルテカの都、すなわち伝説のトリャンとして知られる地である。メキシコ中央部とユカタンのマヤのいずれの文献にも、ケツァルコアトルによって都は東の赤い地に移されたという記述があることから、その地がユカタン半島である可能性は高い。ユカタン半島のチチェン・イツァ遺跡にはトルテカの特徴がはっきりと認められ、このことからも、後古典期前期にこの地がトゥーラと特別な関係にあったことは明らかである。

後古典期後期（後一二五〇年〜一五二一年）は、ちょうど一六世紀にスペイン人が遭遇することとなった文化の栄えていた時期にあたり、先スペイン期に制作された絵文書で現存しているのは、実質的にはすべてこの時期のものである。ま

伝説のトルテカの都、トリャンがあったといわれるイダルゴ州トゥーラ。後古典期前期、900〜1250年ころ。

た、植民地時代にスペイン人や先住民の学者が記した書物は、後古典期後期の慣習や観念について豊富な情報を提供してくれる。マヤについていえば古典期が最も有名であるが、アステカ王国の時代は建国から滅亡までが後古典期後期に入ってしまうのである。アステカ人（彼ら自身は〝クルワ＝メシーカ人〟と称していた）は、メキシコ中央部では新参者であった。彼らが湖に浮かぶ都、テノチティトラン（現メキシコシティー）を建設したのは、一三四五年頃のことだった。それでも、それから二世紀とたたないうちにスペイン人が侵入してきたころには、古代メソアメリカ史上、最大の王国を築きあげていたのである。

アステカの宗教は、そんな彼らの起源と隆盛を色濃く反映したものとなっている。アステカ人は支配を正当化する手段として、先住の諸民族の信仰の対象や図像を積極的に吸収した。たとえば伝説のトルテカの都、トゥーラはとくに重視されていたらしく、アステカの神にはトゥーラやさらにさかのぼってテオティワカン起源のものがある。彼らはまた、プエブラ、湾岸のワステカ、オアハカのミシュテカ族など、当時の周辺地域の宗教的慣習もとり入れていた。こうして異国の

アステカの都、テノチティトランの建設。メンドサ絵文書２葉表。植民地時代初期の制作。中央に描かれている鷲は、ノパルサボテンと石（テノチティトランという地名の由来）の上にとまっている。アステカの巡歴の物語によれば、鷲とサボテンは将来のアステカの都のしるしとして神託に現われたという。

慣習がとり込まれたことで、覇者として彼らの地位は不動のものとなり、同時に文化的な統合もはかられることとなった。事実、アステカにはコアテオカリという、捕らわれた異国の神々をまつった独特の神殿さえあったのである。このように、アステカ神話にみられる神格や題材には、他のメソアメリカ文化に由来するものが多いのもたしかだが、アステカにも完全にアステカ固有といえる神話があった。その好例が、コアテペク山でのウィツィロポチトリ誕生にまつわる神話で、アステカの版図拡大を、いわば神聖化する役割を果たしていた。

古代メソアメリカの宗教

暦法

先スペイン期のメソアメリカでは、暦法は日常の生活ばかりでなく、神話においても重要な位置を占めていた。最も重要な周期の一つ、二六〇日暦は、二〇の日名と一から一三までの数字の組み合わせからなる暦である。たとえば「一のワニ」という日なら、二つの部分、つまり数字の「一」と日名の「ワニ」で構成される。同じ日は、二六〇種類の数字と日名の組み合わせが一巡してからでないと、再びめぐってこない。古代メソアメリカでは多くの場合、人や神をはじめ、時代区分にもこのサイクルの名がつけられていた。たとえば、伝説のトリャンの支配者だったトピルツィン＝ケツァルコアトルも、アステカのナワトル語で「一の葦」、すなわち〝セ・アカトル〟という名を持っていた。マヤの場合も、『ポポル・ヴフ』の創世神話に登場する神の多くに、二六〇日暦にちなんだ名がつけられている。また、神話においてはそれほど重視されなかったものの、メソアメリカ人は〈ヴェイグ・イヤー（おおよその一年）〉と呼ばれる三六五日暦も使用してい

セ・シパクトリ、すなわち「1のワニ」の日。260日暦の第一日「1のワニ」は、メソアメリカ神話の起源と創世に深い関わりがある。石箱（部分）。アステカ文化、後古典期後期。

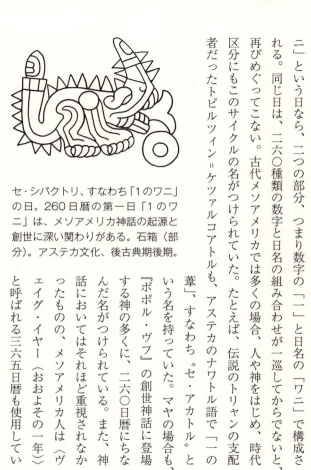

た。これは二〇日からなる一八カ月に五日間を加えた暦である。三六五日暦は二六〇日暦と併用され、ヴェイグ・イヤーは元旦の日にあたる二六〇日暦の日の名で呼ばれた。二つの周期は噛み合いながら循環するので、たとえば「二の葦」のヴェイグ・イヤーが再びめぐってくるのは、五二のヴェイグ・イヤーが一周してからとなる。

メソアメリカ南東部では、このほかにもマヤや周辺地域の人々が好んで用いた暦法があった。長期暦と呼ばれるこの二〇進法（二〇を単位とする）は、神話上の出来事があった年とされる紀元前三一一四年を起点として、そこからの経過日数をひたすら数えるというものである。この暦法は紀元前一世紀頃にはすでにマヤ以外の人々によって使われていたが、古典期マヤになってからより高度なものとなって普及した。マヤ北部の低地に住むユカタン人の間では、これを簡略化した暦法が植民地時代になってもまだ使われていたといわれる。

メソアメリカの概念では、暦は時間ばかりでなく、空間を定めることにも結びついていた。二六〇日暦の二〇の日は、それぞれ一定の方角に結びついており、東から北、西、最後に南と、左回りに割り当てられていった。同じように、三六五日暦も毎年左回りに動いた。フェイェルバリー＝メイヤー絵文書の第一ページには、木や鳥とともに二六〇日暦の四つの方位が描かれている。中央に描かれているのはメキシコ中央部の火と時の神、シウテクトリだが、武装したシウテクトリの背後には四方に流れる血潮が描かれている。四隅に描かれた鳥のそばから流れているこの血、実はメキシコ中央部の主神の一つ、テスカトリポカのもげた腕、脚、胴体、そして首から吹き出しているのである。ほかの文献からは同じエピソードが見つかっていないとはいえ、少なくともこの場面からは、テスカトリポカの手足をシウテクトリが四方へ投げることで、暦と方位が創造されたこと、すなわち時間と空間が表わされたことがうかがえる。

ところでメソアメリカの暦の体系は、一三日からなる週、二〇日からなる月、ヴェイグ・イヤーといった、日常的な周期を記すためだけに使われたわけではない。これらの暦は、神聖な力、そして多くの場合、危険な力の満ちてくる間隔を知るためのものでもあった。古代メソアメリカの人々は熱心に天空を観察し、暦

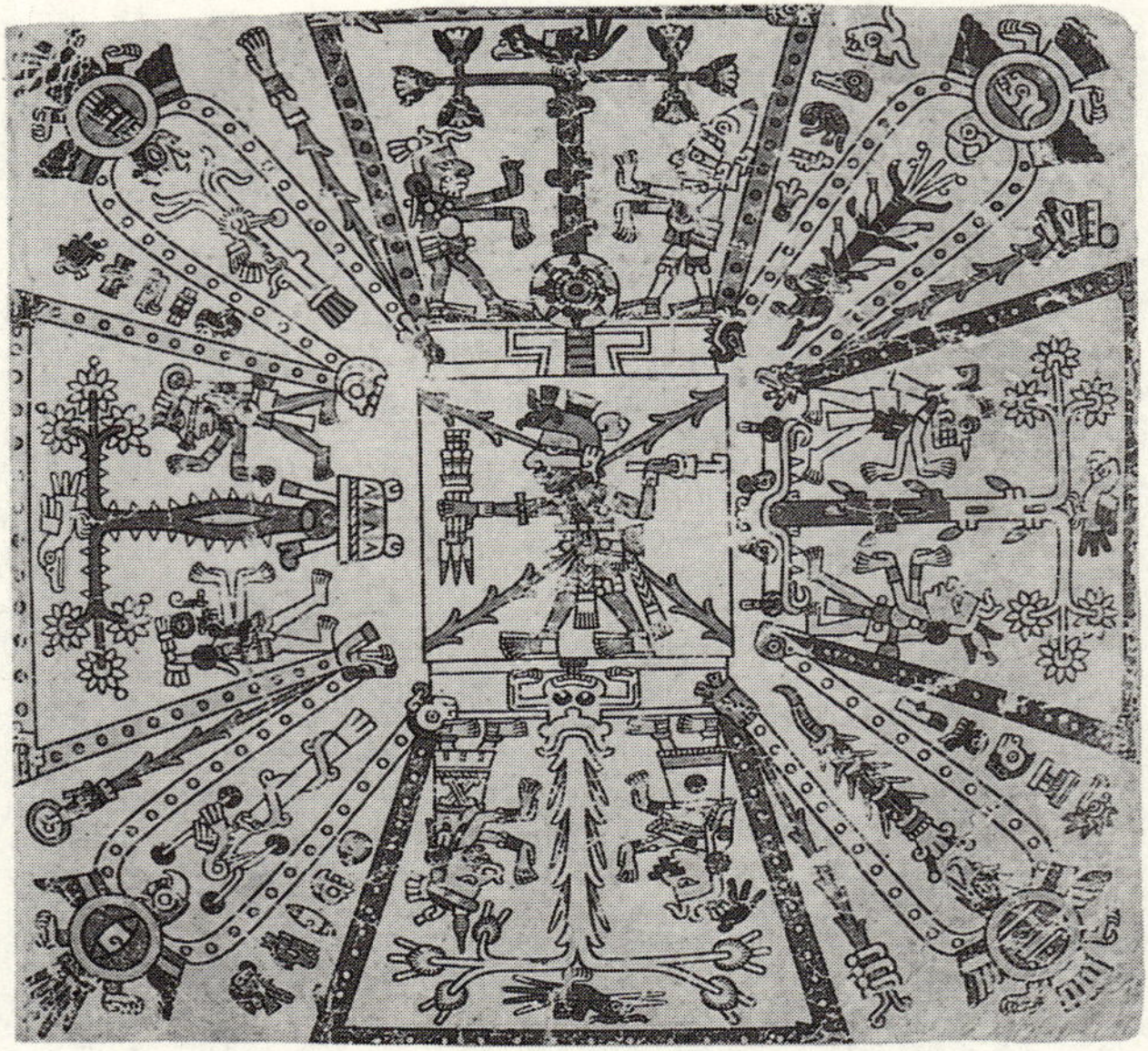

メソアメリカ式に時空を表わした図。シウテクトリ神を中央に配し、神々、日の名前、木や鳥が四つの方角を向いている。フェイェルバリー＝メイヤー絵文書１頁。後古典期後期。

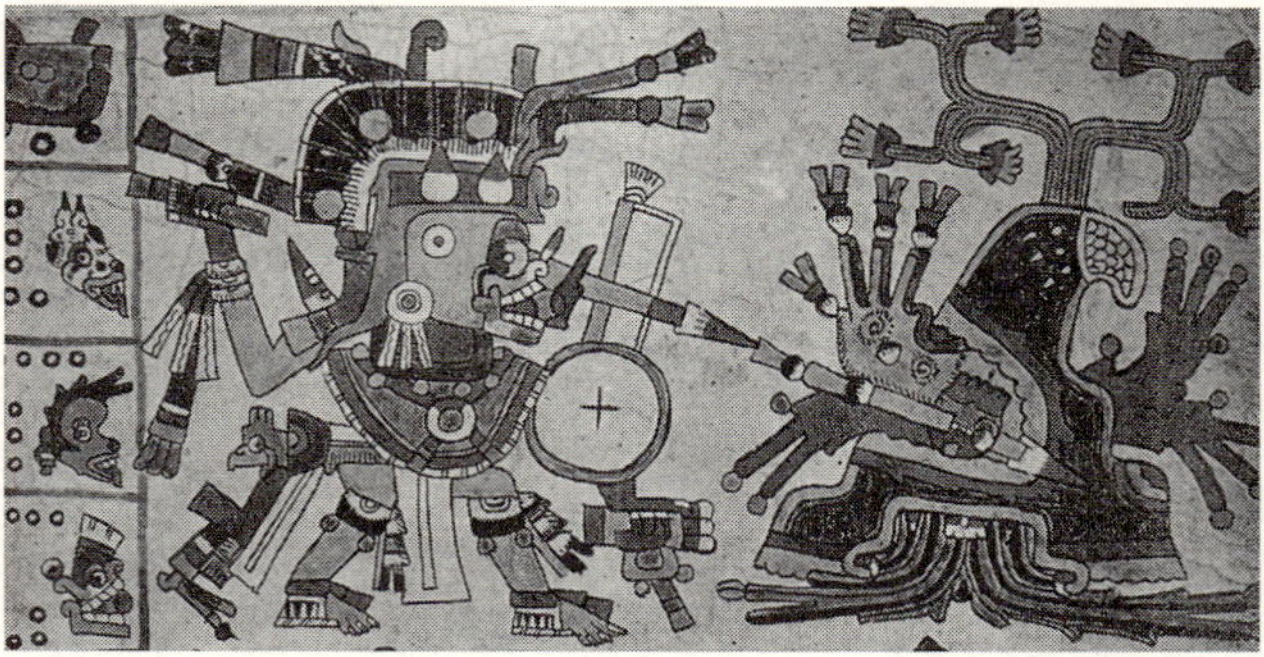

水を多く含んだ山、すなわちアルテペトル（アステカの言葉で町の意）を攻撃する金星の神、トラウィスカルパンテクトリ。コスピ絵文書 10 頁、金星の章より。

を使って日食や月食のほか、金星の軌道や星の動きなど、天体に関するさまざまな予測を行なっていた。彼らにとってこうした現象は、単なる宇宙の規則的な運行ではなく、神々の営み、すなわち創世からはじまる神話の出来事の反復にほかならなかったからだ。メキシコ中央部では、内合の後に明けの明星としてはじめて見える金星は、テオティワカンでの最初の夜明けに太陽と戦った「曙の主」、トラウィスカルパンテクトリであった。また、暦のサイクル自体も神聖な時を表わしていた。古典期マヤの石碑の大半は、長期暦の一定の周期の完了を祝ってつくられたものである。後古典期マヤのユカタンでは、三六五日暦の最後の期間は最も不吉な時と考えられ、植民地時代に書かれた『ツィトバルチェの歌』によれば、この期間は世界の滅亡と再生とを意味したという。それゆえ、ユカタンの新年の儀式にみられる特徴は大部分、マヤの創世神話にも認められる。一方、アステカでも五二年周期が一巡するとき、夜を徹して儀式が行なわれた。新しく起こした火が燃え続けなければ、暗闇をつかさどる恐ろしい星の魔神、ツィツィミトルたちに再び世界を征服されると考えられていたのである。

昼と夜

夜と昼という対比は、メソアメリカ特有の対の思想のなかでも、最も基本的なものといえる。夜明けの到来によって創世神話の時代は終わり、人間にとっての伝説上、歴史上の時代の幕開きとなったと、土着の文献は記している。たとえばマヤのキチェ人の『ポポル・ヴフ』では、はじめて太陽が現われるや、神々や恐ろしい獣は石に姿を変えられてしまう。アステカ神話にも、テオティワカンでの最初の夜明けに、トラウィスカルパンテクトリが石と冷気の神に変えられたという記述がある。アステカ神話では、テオティワカンの夜明けとともに神々が犠牲になるが、一説によれば、その亡骸からは聖なる束がつくられたという。つまりアステカ、マヤいずれの記述においても、神々が石の像で表わされたり、聖なる束に巻かれていたことの起源や神々の出現が説明されているのである。

夜明けがこの世に安定と秩序をもたらす昼間の象徴なら、夜は神々や魔神の生き返る神話の時間であった。今日ベラクルス州に住む人々によれば、日が沈んでも岩石がジャガーに変身しないのは、星の光があるからだという。メソアメリカでは、夜は化け物や魔物のさまよう時刻と考えられていた。また暗い夜更けは、人が神秘的なものと出会う特別の時間でもある。夢のなかでは、使いの精が危険な旅に出、先祖や神々をはじめ神秘的な存在と出会う。霊の世界に入りやすいように、人々がキノコ、ペヨーテ、ヒルガオの種などの幻覚剤を好んで含んだのもまた夜だった。そして夜空を見上げれば、星座の動きや惑星の運行のなかで、聖なる創世の物語が絶えず繰りひろげられている。日食がことのほか恐れられたのも、星や夜の生き物からの脅しだと考えられていたからだった。

このように混沌とした夜と昼とではかなり対照的であるが、夜は悪、昼は善というように、単純に区別されていたわけではない。こうした二元論的対立も、メソアメリカでは相互に補完的な対、つまりお互いの存在にとってなくてはならないものと見なされていた。日中の活動から回復するには睡眠が不可欠であるのと同じように、夜という清めの時間は、日常の生活に新たな活力を与えてくれるものなのである。暦の上でめぐってくるさまざまな危険な時期も、回春の時、すなわち再び創造の力が生ずる時期にあたった。そして、こうした神話の世界を日常生活に浸透させていたのが、儀式や予言、あるいは皇帝や司祭、神官、医師、祈禱師、双子といった人間なのであった。

双子

双子というと、メソアメリカではさながら奇形のように、不吉で縁起の悪いものとして恐れられる傾向がある。現に、犬の姿をしたメキシコ中央部のショロトルは、双子の神であると同時に奇形の神でもある。ドミニコ会士だったバルトロメ・デ・ラス・カサスによれば、アステカでは双子は両親の命とりになると考えられていたことから、双子が生まれると一人はその場で殺されてしまったという。しかし、双子の存在がことのほか恐れられたのは、親の幸福にかかわるためばかりではなかった。彼らは、創世神話の時代の象徴でもあった。アステカ、マヤを問わず、メソアメリカの諸部族の創世神話にひろく登場する双子は、多くの場合、怪物を退治したり人間が生きるための環境や物をつくる文化英雄として描かれている。しかし彼らは秩序をもたらす反面、実は争いや変化の象徴でもあったのである。

マヤのキチェ人の『ポポル・ヴフ』には、双子の英雄神、シュバランケとフンアフプが殺された父と叔父（この二人も双子である）の仇をうちに、地下界へ下りて行くエピソードが克明に描写されている。メキシコ中央部では、文化英雄のケツァルコアトルが双子の片われとされており、彼の名の〝コアトル〟も、ナワ

古典期マヤの『ポポル・ヴフ』の双子の英雄、フンアフプとシュバランケ。グアテマラ、ナフ・トゥニチ洞窟の壁画より。

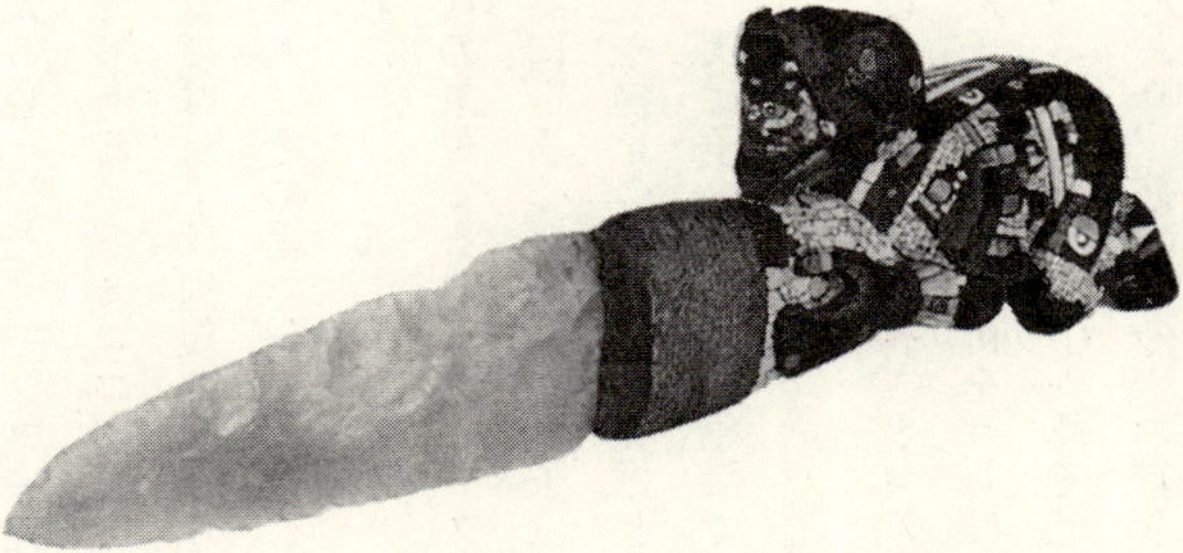

モザイクを施した供犠用ナイフ。アステカ文化、後古典期後期（ロンドン、人類博物館蔵）

トル語で「双子」と「蛇」の両方の意味をもつ。ケツァルコアトルは、アステカの創世神話ではショロトルかテスカトリポカと対で描かれることが多く、『ポポル・ヴフ』のフンアフプとシュバランケのように、はっきりそうと書かれているわけではないものの、この場合も双子の英雄という概念はうかがえる。双子はメソアメリカのみならず、中央アメリカ、南アメリカの低地、アメリカ南西部など周辺地域の創世神話にも登場することから、双子の英雄が新世界の太古からのモチーフであったことは間違いないだろう。

役割モデルと品行

メソアメリカ神話は、世界の起源説話にとどまらず、実は品行にかかわる奥深い教訓を盛り込んでいる。災いや身の破滅をまねく罪悪としてよく取りあげられるのが、驕りと強欲であり、アステカ神話を例にとれば、最終的に太陽となるのは自惚《うぬぼ》れの強い金持ちのテクシステカトルではなく、謙虚だが勇敢なナナワツィンであった。『ポポル・ヴフ』に登場する怪鳥ヴクブ・カキシュも、高慢な性格が災いして双子の英雄に殺されている。地位の高い人間には驕りと強欲がつきものであることから、記録に残っている神話の多くが王侯貴族の範を示しているわけである。しかし、アステカとマヤの神話はもっと広い、深遠なテーマも扱っていた。その一つが、人間の生まれてきた意味である。『ポポル・ヴフ』によれば、神々が今の人間、すなわちトウモロコシの人間を創造したのは、祈りと供犠という形で神々に栄養を与えさせるためだった。テオティワカンでの神々の犠牲や、女神コヨルシャウキとその兄弟たちの殺害のエピソードも、世界を存続させるためには人身供犠が必要であることを説いている。古代メソアメリカの宗教が忌み嫌われるのは、まさにこうした一面があったからだが、人身供犠という手段は、大前提から生まれたのである。宇宙を滅亡から守るためには人間が自ら責任を果たさねばならないという、大前提から生まれたのである。

主な資料と研究史

古代メソアメリカの他の部族と同様、文字を知っていたアステカ人とマヤ人は、屏風状に折りたたんだ書物や彩色土器、木や骨を彫ったもの、石彫など、さまざまなものに部族に伝わる神話を書き記していた。しかし、こうした文字に劣らず重要なのが、実は神話のエピソードや神々の属性を表現した絵画であった。

先スペイン期に制作された屏風状に折りたたんだ絵巻は、一般にコデックス（絵文書）と呼ばれ、土着の宗教を研究するうえで欠くことのできない資料となっている。しかし、現存しているもので完全に土着のものといえるのは、残念ながら一八点しかない。マヤのものではドレスデン絵文書、マドリード絵文書、パリ絵文書、そして最近発見されたグロリア絵文書と、すべて後古典期の制作である四点が残っているだけである。メキシコ中央部ではボルジア絵文書、ヴァチカンB絵文書、コスピ絵文書、ロード絵文書、フェイエルバリー＝メイヤー絵文書の五点がとくに重要といわれている。これらは代表的な絵文書の名を冠して「ボルジア・グループ」と呼ばれ、典型的な後古典期後期におけるメキシコ中央部の様式で制作されている。ただ、出所について正確なところはわかっておらず、すべてが同じ場所で制作されたとは考えにくい。たとえば、ボルジア絵文書についていえばプエブラ州のものである可能性が高く、ロードとフェイエルバリー＝メイヤーについてはベラクルス州ではないかといわれている。これらが制作されたのはおそらくアステカの支配下にあった地域と思われるが、そこに描かれた人物の体型その他の特徴からすると、少なくともアステカの首都、テノチティトランで制作されたものではなさそうである。それでも、ボルジア・グループのもつ宗教的意味や内容が、アステカの特徴を十分に備えたものであることに変わりはない。

マヤの絵文書とボルジア・グループとを合わせたこれら現存する九点の絵文書は、主として宗教上の暦とともに用いられた予言の書となっている。神々が登場するのも、多くの場合なんらかの占いに関連してであって、一貫した一つの物語をなしているわけではない。そのためこれら先スペイン期の絵文書には、神話のエピソードそのものとは関係のない、断片的な場面しか綴られていないことが多いが、このなかでたった一つ、注目すべき例外があった。その例外とは、あまり知られていないボルジア絵文書の真中の部分で、記録に残っているアステカ神話のエピソードとも一致するものである。また、これら九点の絵文書はみな予言の書だが、先スペイン期のその他の絵文書は神話と関連がある。たとえばヴィンドボネンシス絵文書には、表面にミシュテカのケツァルコアトルにあたる「九の風」の起源や来歴など、創造にまつわる出来事が描かれている。残念なことに、アステカにもマヤにも、このような写本で先スペイン期のものは現存していない。しかし、植民地時代にローマ字表記で書かれた神話の一部は、先コロンブス期の文献からそのまま書写されたものと考えられている。植民地時代初期に『ポポル・ヴフ』を記したキチェ人出身の著者によれば、このマヤの写本も消滅してしまった古代の書物をもとに書かれたということであるし、アステカの神話の記述についても、一部は同じように消滅してしまった先スペイン期の絵文書から書写されたものだったといわれる。

それゆえアステカ神話の最も重要な資料といえば、先スペイン期ではなく、植民地時代初期に書かれた文献ということになる。スペイン人征服者の多くが先住

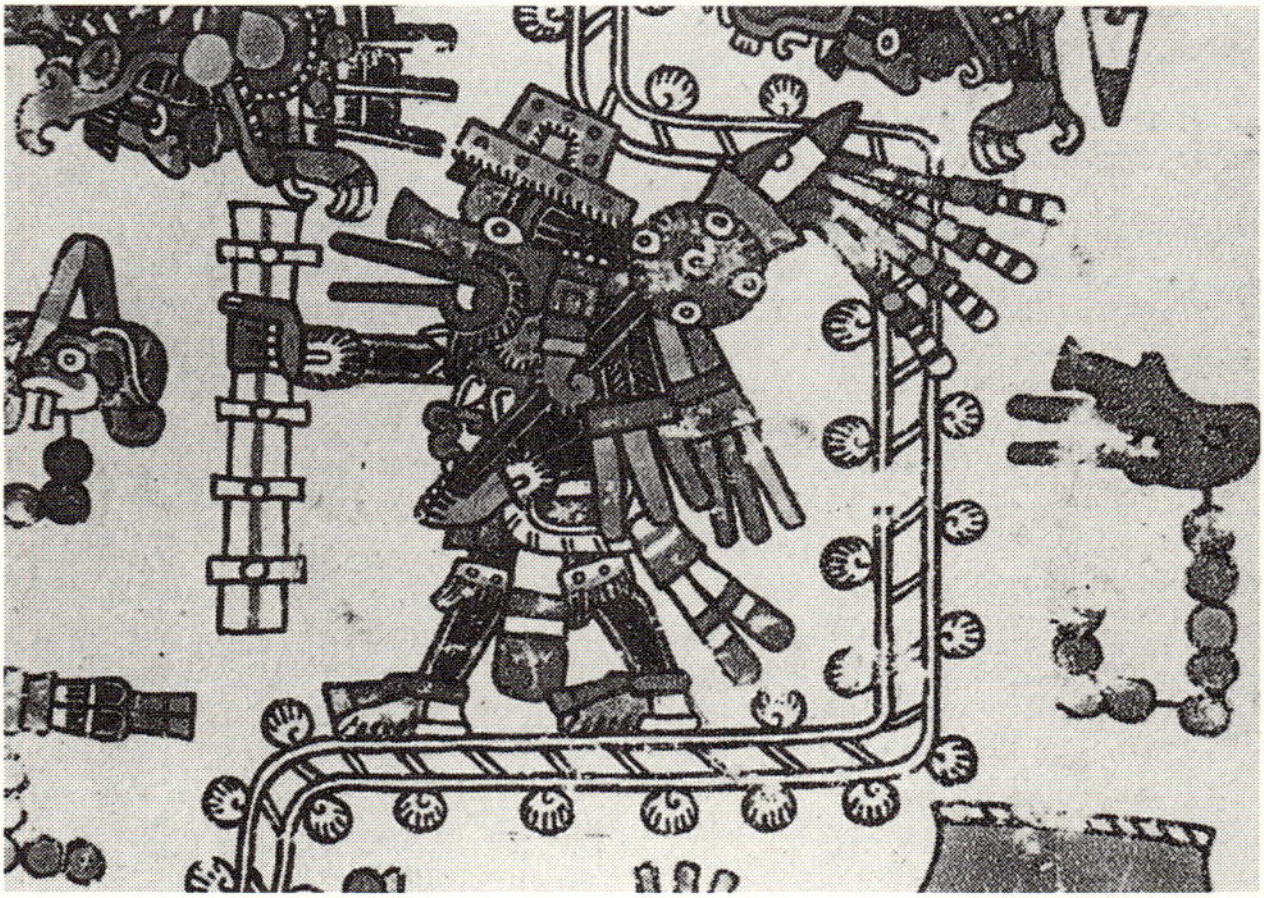

風の神エエカトル＝ケツァルコアトルに相当するミシュテカの〈9の風〉。ヴィンドボネンシス絵文書48頁（部分）。後古典期後期。

民を労働力や課税の対象としか見ていなかったなかで、フランシスコ会、アウグスティノ会、ドミニコ会の修道会は、彼らのなかに新しいユートピア実現の可能性を見いだしていた。アステカの人々がこれまでに築き上げてきたものを軽視するどころか、むしろ偉業を成し遂げる力の証とみなしたわけである。こうして先住民は文明社会に適応できる理性ある人間として、教会から保護を受ける身となった。ベルナルディーノ・デ・サアグン、フアン・デ・トルケマダ、バルトロメ・デ・ラス・カサスをはじめ、一六世紀の宣教師たちが残した著書からは、彼らが複雑で洗練された先スペイン期の文明を賞賛していたことが見てとれる。しかし、土着の文化が全面的に認められたわけではもちろんなかった。なかでも宗教は邪悪で野蛮なものとされ、改宗を成功させ新しいユートピアを建国するには有害だと考えられていたのである。

一六世紀のメキシコ、すなわち〈ヌエバ・エスパーニャ〉の修道会のうち、土着の習慣や観念を最も多く記録したのはフランシスコ会であった。スペイン王室とエルナン・コルテスの寵遇を受けていたフランシスコ会は、一五二四年、メキシコシティー最初の伝道区を創設した。他の伝道会と同様、フランシスコ会も先住民を完全に改宗させようと考えたが、そのためにはまず彼らの言語、習慣、観念を完全に理解することから始めなければならなかった。アステカの言語と風習を習得した最初の宣教師、アンドレス・デ・オルモスは、おそらくアステカの創世神話を記した最も重要な文献の一つとされる、『絵によるメキシコ人の歴史』の作者だろうと思われる。もう一つ、主要な神話の資料とされる『メキシコの歴史』は、原典のスペイン語版は失われ、現存するのはフランス語訳であるが、少なくとも一部についてはこのオルモスの著作を底本にして書かれた可能性がある。

だが、アステカの社会と宗教の記録者として最も有名な人物といえば、なんといってもベルナルディーノ・デ・サアグンであろう。一五二九年、メキシコに到着したサアグンは、その生涯の大半をアステカの言語と文化の研究に捧げた。彼もその同時代人たちと同様、アステカの因襲を邪悪で有害なものと考えていた。医者が病気を治療するには、病原と症状を把握していなければならないのと同じである、とはよく引用されるサアグンの言葉である。しかしそればかりでなく、彼としても眼の前で崩壊してゆく魅惑的でユニークな世界を、記録に残しておきたかったのだろう。サアグンは、同時代の他の記録者たちと同じように、先スペイン期のアステカ社会に生きた教養ある故老の話を聞き、また先住民の学者の協力を得て古代の絵文書を見る機会にも恵まれた。これらの書物について、またそれらが自身の研究に与えた影響について、彼は次のように述べている。

彼らの持っていた書物には、スペイン人がこの地に到着する千年以上も前に、彼らの先祖が行なったことや年代記に書き記していた出来事が、図や絵で記録されていた。

これらの書物や文書の大半は、偶像を破壊する際にいっしょに焼き捨てられてしまったが、我々もこの目で見たように、彼らが隠し持っていたものがまだ多数存在するのであって、そのおかげで我々はこうして古代における彼らの風習を知ることができるのである。

多くの著作で学者として名をなしたサアグンであるが、現存するもので最も重要なのは『ヌエバ・エスパーニャ全史』である。一八五〇点を超える挿画を収めたアステカの大事典ともいうべきこの書は、先スペイン期のあらゆる文化を網羅した最も包括的かつ詳細な論文といえる。ナワトル語とスペイン語の二か国語で書かれ、テーマ別にまとめた全一二書からなるが、このうち、アステカ神話を研究するうえで最も重要となるのは、第一書、第三書および第七書である。まず、第一書ではアステカの主神についての詳しい解説がなされ、第三書ではウィツィロポチトリの誕生をはじめとする重要な神話や、トゥーラでのケツァルコアトルに関する準歴史的記述がなされる。第三書では、テオティワカンでの太陽の創造については断片的なことしか記されていないが、第七書では克明な描写が行なわれている。このほか第七書では、天体や五二年周期の完了を祝う祭儀についての記述がなされている。

しかし、ヌエバ・エスパーニャの人々がこぞってサアグンの著作を賞賛したわけではなかった。一五七〇年代になると、スペイン王室とフランシスコ会の間で、同時に反土着文化の気運が高まりだした。ユートピア建国という、偉大な試みは失敗に終わっていた。疫病、強制労働、重税のために、多くの先住民が命を落としていた。とりわけ厄介だったのは、真の意味での改宗がなされず、結局は先住民の多くが偶像崇拝へと後戻りし、それが往々にして、カトリックと土着宗教の混じりあった不浄な形をとっていたことだった。こうした側面で、先住民言語で書かれた宗教書は改宗の実現を、ひいては政治的基盤をも脅かす存在とみなされるようになったのである。一五七七年、フェリペ二世はついに勅令を発し、サアグンの原稿を没収してしまう。こうして『全史』の初版はいったん消滅することになるが、一五七九年後半ないし一五八〇年前半には写しがスペイン本国へ送られている。サアグン自身、畢生《ひっせい》の大作がその後どうなってしまったのか、知っていたかどうかは疑問である。実際この書は発禁となってからすっかり忘れ去られ、再び発見されたのは一七七九年のことだったのである。しかし、この写本も今日では一般にフィレンツェ文書として知られるようになり、フィレンツェのラウレンツィアナ図書館に所蔵されている。

20日間からなる〈トシュカトル〉の月にテスカトリポカ神の化身として生け贄にされる男性。フィレンツェ文書第二書より。植民地時代初期。

フィレンツェ文書以外にも、スペイン人の援助によってメキシコ中央部で制作された絵文書は多数あり、大半が先スペイン期の慣習に詳しい画家によって描かれたものだった。ブルボン絵文書は純アステカ式と言ってよいくらいの見事な写本であるが、征服直後、土着の暦法や宗教の手引き書として制作された可能性がある。また、マッリアベッキ、テレリアノ゠レメンシス、ヴァチカンA絵文書には、土着の神々や儀式を伝える重要なテキストのほか、アステカの主神の衣装や属性を表わした精緻な絵画が収められている。ヴァチカンA絵文書は別名リオスの絵文書と呼ばれ、各層からなる天界と地下界、五つの太陽の神話、ケツァルコアトルとテスカトリポカのトリャンでの神話上の戦いなど、他の資料にはみられない部分もある。

実例には乏しいものの、現存するマヤの文献でフィレンツェ文書に最も近いものをあげるとするなら、『ユカタン事物記』であろう。この書は一五六六年頃、フランシスコ会のディエゴ・デ・ランダによって書かれたもので、ユカタン半島のマヤ低地の文化について百科全書的記録がなされている。しかしながら、質、内容、範囲の点で、サアグンの著作には遠く及ばない。独断で絵文書を焼き払ったりしたランダが、『事物記』の執筆にあたったのは、一五六二年にマニでいわゆるアウト・デ・フェ（宗教審問の判定宣告）を教唆したとして、スペイン本国で裁判にかけられていたときであった。このアウト・デ・フェでは、何千人ものユカタン＝マヤ人が偶像崇拝の嫌疑を受け、拷問にかけられた。ランダが土着の因習の記録者として、公正でも人道的でもなかったことは疑うべくもない。『事物記』は、ユカタンのマヤの歴史、暦、儀式に関しては貴重な情報源となっているものの、神話に関する記述はきわめて乏しい。唯一、注目に値する例外といえば、洪水に関するいくぶん歪められた記述だろう。マヤの場合、メキシコ中央部のように征服後、神話についてスペイン語で書かれた主要な文献が現存しないのである。

マヤ地域に関していえば、神話について植民地時代に書かれた資料で重要なのは、マヤ人自身の手によるものである。ヌエバ・エスパーニャにおける改宗の一助として、宣教師たちはローマ字表記による先住民言語の記録にあたっていた。

本書で扱う神々の名称や聖地の表記も、実はほとんどがこの植民地時代のものによっている。また、エリート階級の先住民から選ばれた若者にアルファベットの体系が教えこまれ、その若者たちが今度は教会の教義を教える先生役となった。しかし、そのうちに彼らは自らローマ字による正字法（つづり字法）で自分たちの歴史を記すようになった。こうして生まれたのが、グアテマラの高地で書かれ、マヤの宗教を記した書物のなかで最もすぐれているとされる、キチェ人の『ポポル・ヴフ』である。複雑さといい、規模といい、一六世紀のメキシコ中央部ものではこの『ポポル・ヴフ』に匹敵する書物はない。原本はもう残っていないが、一六世紀後半、彼らが習い覚えたローマ字を使ってキチェ語で書いたものだったらしい。おそらく『ポポル・ヴフ』は、もともと先スペイン期にキチェ人の間で口承されてきた伝説をふくらまし、一冊ないし数冊にまとめた書物を復元したものなのだろう。現在残っている『ポポル・ヴフ』は、ドミニコ会士フランシスコ・ヒメネス神父の手になる写しのみであるが、これは神父が教区のチチカステナンゴで一七〇一年から一七〇三年の間に原文を書写し、スペイン語訳を併記したものである。次の記述からは、古代キチェ文化を記録しようとする神父の奮闘ぶりが、ありありと伝わってくる。

こうした書物は、誰の目にも触れぬよう大切にしまわれてきたので、かつての宣教師たちもその存在に気づくことはなかった。わたしはサント・トマス・チチカステナンゴの教区にいるとき、この点についていろいろと調べてみたが、その結果、彼らがこうした物語をまだ乳飲み児のうちから口移しで覚え、誰でもほとんど暗記してしまっていること、そして彼らがこうした書物をいくつも持っていることを知った。

スペイン語訳を併記したヒメネス神父の写本の原本は、現在シカゴのニューベリー図書館に蔵せられている。

『ポポル・ヴフ』はテーマ別にわけて、三つの部分からなっている。最初の部分は原初の世界、二つ目は二組の双子の活躍、および人類とトウモロコシの起源、

グアテマラ、チチカステナンゴの市場。後方に見えるのは、『ポポル・ヴフ』を書写、翻訳したドミニコ会士、フランシスコ・ヒメネスの教区教会だったサント・トマス教会。

三つ目はキチェ人の歴史伝承で、巻末に一五五〇年までの歴代の諸王の名が列記されている。本書で紹介するマヤ神話のエピソードは、この最初と二つ目の部分、とくに二つ目の部分から引用したものである。近年、この『ポポル・ヴフ』の双子の活躍や地下界への旅のエピソードが、すでに古典期、すなわちスペイン人による征服より六百年以上も前から存在していたことが判明してきている。したがって、『ポポル・ヴフ』は後古典期のキチェ人のみならず、古典期マヤの宗教を理解するうえでも欠くことのできない文献といえる。

グアテマラ高地のキチェ人による『ポポル・ヴフ』とならび、初期のマヤ神話の重要な資料となっているのが、ユカタン半島のマヤ人の手による書物である。キチェ人と同様、ユカタン半島のマヤ人もまた、植民地時代には部族の伝承をローマ字で記しはじめていた。現存する先住民言語の文書で最も重要とされているのは、スペイン人の到来を予言していたといわれる神官、チラム・バラムの名がつけられた土着の書である。これらの書はそれぞれ神官の名と、それらの見つかった町の名称で呼ばれている。とくに有名なのは『チュマイェルのチラム・バラム《の》書』および『ティシミンのチラム・バラムの書』で、いずれも今日のユカタン半島に残る地名がつけられたものである。メキシコのキンタナロー地方の奥地では、今も『チラム・バラムの書』の様式で執筆している伝承筆記者がいるという。

『チラム・バラム』の稿本はすべて一八世紀以降のものであるが、このなかには古代の神話や歴史に関する記述も諸所にみられることから、それらについてはおそらく植民地時代初期のテキストや、さらに古い絵文書から書写されたのではないかと思われる。この書物の内容は、大半がくり返し巡ってくる暦に関する予言である。そしてこれらの暦は一定の周期でくり返すという性格上、時間の重複を来すことが少なくなく、そのため一つの筋をとっても、そこに書かれているのは植民地時代、先スペイン期、はては神話の時代の出来事である可能性もある。予言の書という色彩が強いことを考えれば、これらの書物が不可解かつ難解なのも当然だろう。だがともかく、チュマイエル、ティシミン、マニの三書に、共通して洪水と世界の再生に関する記述があることだけは確かである。

アステカ人もまた、征服後も自分たちのための書物をつくり続けていた。一五三九年にはクルワカンの指導者だった先住民、ドン・バルタサルが、やはり先住民の画家を雇い、祖先と聖なる洞窟から現われた神々の系譜を描かせたとして、裁判にかけられている。このときの本の内容は大半が絵画だったようだが、アステカ人はローマ字表記のナワトル語でも書物を著わした。すぐれた文献として知られる『太陽の伝説』も、そうして生まれたものだったのだろう。ナワトル語の文体が正確で古いことから、筆者はフランシスコ会士の教育を受けたアステカ人ではないかと思われる。『絵によるメキシコ人の歴史』や『ポポル・ヴフ』がそうであったように、おそらくこの稿本も先スペイン期に書かれた一冊ないし数冊の本を底本にしているのだろう。天地、人類、トウモロコシの起源を述べた後、物語はトリャンのケツァルコアトルの伝説へと移り、アステカ史でしめくくられる。歴史伝承の最後の部分が欠けているため、系図が植民地時代初期まで続いていたのかどうかは定かではない。『ポポル・ヴフ』のように、家系と神話を結びつけることは、一族の正統性を主張する方法としてひろく用いられていたのである。

ところが一六世紀が終わると、部族の伝承が記録されたり筆記されることは急速になくなっていった。これまでに述べた写本についても、その多くが忘れられてしまうか発禁になるかで、土着の文化と観念に再び大きな関心が寄せられるようになるのは、一八世紀も半ばになってからだった。そしてこれ以降は、先スペイン期や植民地時代初期に制作された写本の発見にとって、まさに重要な時期となるのである。そのころ、メキシコ中から先スペイン期や一六世紀に制作された文書を集めてまわった、ロレンツォ・ボトゥリーニというイタリア人がいた。一七四四年、ボトゥリーニはスペイン植民地当局より追放処分となり、蔵書もすべて没収されてしまう。スペインに戻ってからは最終的に無罪放免となるものの、メキシコに残された彼の貴重なコレクションは散逸してしまった。

一九世紀に入り、メキシコとグアテマラが相次いでスペインから独立すると、写本に対する関心はいよいよ高まっていく。メキシコでは一八三〇年から一八四〇年にかけ、フランスの物理学者J・M・A・オバンが古い文献を大量に収集してまわった。その多くはかつてのボトゥリーニのコレクションであった。これらはオバンによってフランスへ持ち帰られ、パリの国立図書館に収められるにいたった。しかし、植民地時代の写本を発見したなかで最も著名な人物といえば、変わり者のフランス人、シャルル・エティアンヌ・ブラッスール・ド・ブールブール神父であろう。聖職者という立場にあり、しかも魅力あふれる人物だったことから、ブラッスール・ド・ブールブールはメキシコをはじめ、グアテマラやスペインでもそれまで公にされてこなかった、幾多の写本を見る機会を得た。一八五七年、カール・シェルツァーによって『ポポル・ヴフ』最初のスペイン語訳が出版されるが、この版も一八六一年、キチェ語にフランス語訳を付したブールブール版が刊行されたことで影が薄くなってしまう。すっかり定着している『ポポル・ヴフ』というタイトルも、実はこのフランス語版からつけられたものである。また一八六三年、ブラッスール・ド・ブールブールは、好運にもスペインでランダの『ユカタン事物記』を発見することができた。そしてそれから数年後の一八六六年には、先スペイン期のマヤで制作されたマドリード絵文書の主要な部分を見つけた。ブラッスール・ド・ブールブール本人は、『太陽の伝説』も収められているチマルポポカ絵文書の発見を最大の誇りとしていたが、この書はかつてボトゥリーニのコレクションに収められていたこともあり、すでにオバンによって書写も翻訳も行なわれた後であった。

稀覯本発見の功績については、それなりに評価されていたブラッスール・ド・ブールブールだったが、ややもすると空想的になりがちだった彼の解釈は、当時の人々にものちの研究者たちにも、とても受け入れられるものではなかった。というのは、ブラッスール・ド・ブールブールが先スペイン期や植民地時代の文献のなかに、アトランティスや地核変動に関する記述が隠されていると信じて疑わなかったからである。彼がマドリード絵文書のトロアノの断章につけた注釈について、一九世紀の著名な言語学者、ダニエル・ガリソン・ブリントンは次のように述べている。

神父の見解に何一つ好意的な批評を加えられないのは心苦しいが……それにし

ても彼の説ははなはだ見当違いで、口にするのもはばかられる。

ブラッスール・ド・ブールブールの解釈が時の試練に耐えられなかったとはいえ、人々の注目を古代メソアメリカに関する主要な文献にむけさせ、これらを出版した彼の実績はやはり賞賛に値する。

一九世紀になって古代メソアメリカ宗教の研究がめざましい発展を遂げたのは、絵文書が相次いで刊行されたためでもあった。アイルランドのキングズボロ子爵、エドワード・キングは、一八三一年から一八四六年にかけて三万二千ポンドの費用を投じ、有名な『メキシコ古代遺跡』を刊行した。全九巻からなるこの書には、画家のアゴスティーノ・アグリオによるボルジア、ドレスデン、ヴィンドボネンシスなど、英国やヨーロッパ大陸の絵文書の模写がカラーで収められている。このために多額の借金を抱えることになったキングズボロ卿は、一八三七年、チフスにかかって獄死している。

先スペイン期や植民地時代に制作された写本とならび、アステカ・マヤ神話を解明するうえで重要な資料となっているのが、古代の彫刻や土器である。征服直後の一六世紀には、先スペイン期につくられた石像類は改宗の成功を脅かすものと考えられていた。ヌエバ・エスパーニャの司教、フアン・デ・スマラガによる一五三一年の記録によれば、破壊された偶像の数は二万個にものぼったという。にもかかわらず、多くの石碑が今日まで残ったのは、それらが洞窟や山の頂上に隠されていたり、メキシコシティーの建造物の下に埋められていたからである。一七九〇年にはメキシコシティーの中央広場で、地中に埋まっていた重要な記念碑が二つも発見されたが、すでに植民地支配のもと、改宗が行なわれてから二五〇年を超える歳月がたっていたことから、もはや脅威とみなされることはなかった。こうして発見された『暦石』と『コアトリクエ像』は、今度は逆に骨董品として、また研究の対象として扱われるようになった。今日メキシコ国立人類学博物館の至宝とされる、これらの記念碑について詳しく分析した書が、一七九二年、アントニオ・デ・レオン・イ・ガマによって出版されている。

一方、マヤ地域で石像が盛んにつくられた時期といえば、スペインによる征服

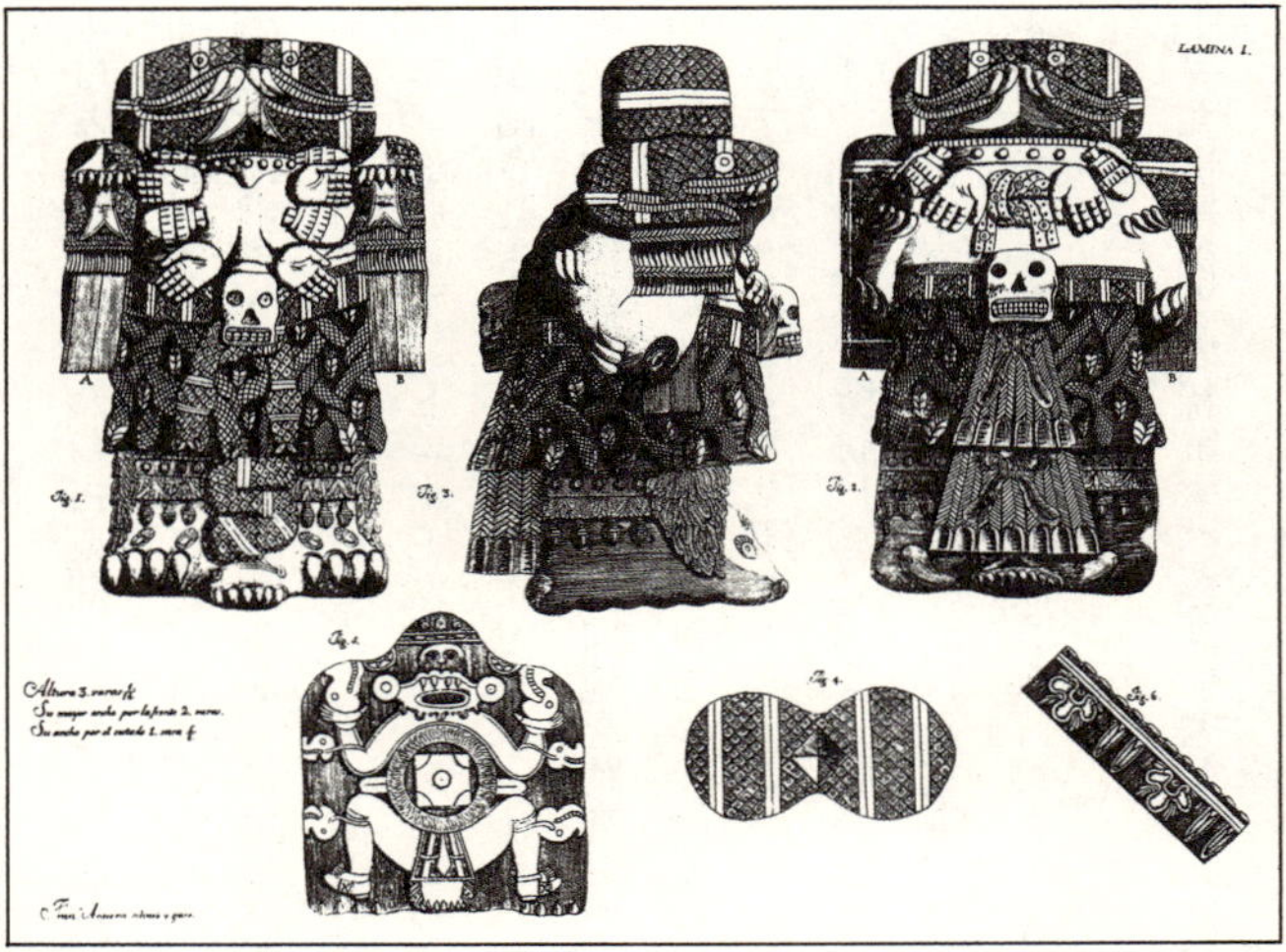

レオン・イ・ガマによるコアトリクェ像のスケッチ。1792年発行。

のはるか前、すなわち古典期にあたる。放棄された古典期マヤの都市は、大部分が植民地支配の行なわれていた中心部からかなり離れた密林のなかにあった。このために、こうした都市の大半が、植民地時代の終わり頃から探検が活発に行なわれるようになるまで、ほとんど放置されたままの状態だったのである。一七八四年、ホセ・アントニオ・カルデロンによって古典期パレンケの遺跡について報告が出されると、アントニオ・デル・リオ、ギレルモ・デュペをはじめ、植民地時代末期の探検家が相次いで同地を踏査した。しかし、古典期マヤの遺物に世界中の注目を集めさせるきっかけをつくったのは、ジョン・ロイド・スティーヴンスとフレデリック・キャザウッドにほかならない。一八三九年から一八四二年にかけてマヤ地域を探訪した二人は、旅の記録を二冊の本にまとめた。スティーヴンスのいきいきとした魅力あふれる文章、そしてキャザウッドのすばらしい挿画を収めた二冊の本はひろく読まれ、のちの探検家や研究者に多大な影響を与えることになる。

一九世紀後半の特筆すべき探検家といえば、なんといってもマヤの記念碑の発見と記録に尽力した、アルフレッド・P・モーズリーとテオベルト・マーラーの二人だろう。二人の残した文書は百年たった今でも、マヤの文字と宗教を研究するうえで欠くことのできない資料となっている。スティーヴンスの著書に刺激された英国人モーズリーが、はじめてマヤの地に足を踏み入れたのは一八八一年のことだった。それから一八九四年までの間、モーズリーはコパン、キリグア、パレンケ、チチェン・イツァなどの遺跡をまわり、写真や石膏模型をとるなどして石碑の記録を続けた。一八八九年には、このときの写真にアニー・ハンターのイラストを伴った図版集『中央アメリカ生物誌』の刊行がはじまり、一九〇二年には最後の巻が出版された。一方、一八六五年にはオーストリアに帰化していたテオベルト・マーラーが、悲劇の皇帝マクシミリアンのメキシコ遠征に兵士として参加し、はじめて同地を訪れることになる。一八八〇年頃からマヤの遺跡や彫刻を記録しはじめたマーラーは、手記や図面、地図、そしてとりわけ見事な写真を残した。だが、こうした作業はきわめて厳しい状況のもと、何カ月にもわたって深い藪のなかやジャングルで行なわなければならなかった。マヤ低地で行なわれた踏査に関するマーラーの研究論文は、一九〇一年から一九一一年にかけ、唯一後ろ盾となったハーバード大学のピーボディ博物館から刊行されている。だが不幸にして、彼の著作は大半が未発表に終わっている。新しい世代のマヤ学者にほとんど業績を認められることのないまま、マーラーは一九一七年、失意のうちに世を去った。

こうして一九世紀後半、石碑をはじめとする遺物が日の目を見るようになるなかで、学者はしだいに先スペイン期の絵文書や植民地時代のテキストを研究するための資料として、考古学上の発見物に注目するようになった。そうした優れた学者の一人が、ドレスデン絵文書の管理にあたっていた当時のドレスデンの王立図書館館長、エルンスト・フェルステマンだった。絵文書や写本解読の草分けとなった彼の研究は、後の古代マヤの暦法、数字、文字を解く重要な手がかりを与えた。マヤの長期暦においてきわめて重要とされ、明らかに古代マヤ神話で重要な出来事があった時である「四アハウ・八クムク」という起点も、フェルステマンの研究が突破口となって、西暦に直すと三一一四年にあたることが、ジョゼフ・グッドマンらにより確定された。そして長期暦のシステムが解明されたことで、マヤの遺跡や石碑の大半が、スペインとの接触があった後古典期よりはるか昔のものだったことが判明したのである。

フェルステマンと同じ時期に活躍した人物に、一八四九年、当時のプロイセンで生まれたエドゥアルト・ゲオルク・ゼーラーがいる。彼は古代メキシコの写本や美術の研究で多くの実績をあげた学者の一人で、土着の史料や文化に関する豊富な知識に加え、鋭い鑑識眼で古代の絵文書や彫刻の鑑定に重要な役割を果たしている。古典期マヤの宗教と美術の研究で成功をおさめたゼーラーだが、彼の名を最も有名にしたのは、ボルジア・グループをはじめとするメキシコ中央部の絵文書の研究である。そしてそのゼーラーに惜しみない援助を与えたのが、ルバ公爵の称号をもつアメリカ人の富豪、ジョゼフ・フロリモンであった。古代、植民地時代初期の精緻な絵文書の出版ばかりでなく、これらの解読にも資金援助しようと考えた彼は、一八九九年、ゼーラーをベルリン大学教授のポストに就かせた。こうした彼の後援によって、ゼーラーはオバン・トナラマトル、フェイェルバリー＝メイヤー、ヴァチカンB、ボルジア絵文書の四つの絵文書の注釈書を出版した。とりわけ最後に出版されたボルジア絵文書の注釈書は傑作であった。現在、ゼーラーの論文は大部分、全五巻からなる『アメリカの言語および古代学総論』に収められている。

ポルフィリオ・ディアス政権下の一九世紀後半から二〇世紀前半には、メキシコもアステカの言語と文化の研究にとって重要な転換期を迎えていた。ホアキン・ガルシア・イカスバルセタの著した多数の書物をはじめ、アステカの歴史や文化について入念に編纂されている豪華版の多くは、この時期につくられたものである。メキシコ人学者として有名なフランシスコ・デル・パソ・イ・トロンコソは、古代ナワトル語のすぐれた翻訳者で、アステカの宗教について多数の重要な書を著した。たとえば一八九九年には、アステカの絵文書のうち、最も重要といわれるボルボンの絵文書を模写、それに注釈を付したものを出版している。だが、トロンコソがいちばん関心を示したのはサアグンの大作だった。アステカの文献を求めてヨーロッパ中の図書館をまわったという彼は、一八九二年から一九一六年までマドリードとフィレンツェで研究にいそしみ、その間一度もメキシコには戻らなかった。しかし、メキシコ革命や第一次大戦などさまざまな要因が重なり、またトロンコソ自身、論文の細部に最後まで拘わっていたために、著作の大半は満足に世に出ることはなかった。

アステカ宗教の研究は、ヴァルター・レーマン、ヴァルター・クリケベルクをはじめ、かつてのゼーラーの優秀な弟子によって、二〇世紀前半まで活発に展開されることとなる。やはりドイツ人だったヘルマン・ベーヤーも、ゼーラーの研究方法や研究成果に強く影響を受けた一人であった。そしてそのベーヤーの教え子の一人が、二〇世紀のメソアメリカ考古学の第一人者であり、メキシコ高地の文字、暦法、宗教の大家であったメキシコ人、アルフォンソ・カソだった。

ディアス政権も終わりに近いころ、メキシコでは考古学上の発掘が各地で行なわれていた。メキシコで組織的な発掘調査が行なわれるようになったのは一九〇九年のことで、その中心となったのがアメリカの著名な人類学者、フランツ・ボアズに師事したマヌエル・ガミオであった。ガミオは一九二二年、有名なケツァルコアトルの神殿での発掘調査など、テオティワカンの遺跡や現在の町についてまとめた本を出版した。だがその時点でも、アステカ、トルテカ、テオティワカンの年代関係はほとんど解明されておらず、テオティワカンはかなり長い間アステカの伝説の都、トリャンであると考えられていた。それが一九四一年になると、歴史学者のウィグベルト・ヒメネス・モレノにより、トゥーラこそがトルテカのトリャンであると唱えられ、これによってメキシコ中央部の文化がテオティワカンからトゥーラ、そして最後にアステカへと発展していったのだと断定されるようになった。

一九七八年、かつてのアステカの都、テノチティトランがあったメキシコシティーの中心部で、巨大な石盤が発見された。表面には殺された女神、コヨルシャウキの姿が描かれていたが、この円盤の発見された場所こそ、アステカ王国の象徴的中枢に位置し、最も神聖とされる建造物、テンプロ・マヨール（大神殿）の基部だったのである。一九七八年から一九八二年にかけ、エドゥアルド・マトス・モクテスマの指揮によって発掘調査が行なわれた結果、テンプロ・マヨールの土台の部分が姿を現わした。そしてこの発掘で出土した石彫や数々の豪華な供物から、植民地時代の文献に書かれているとおり、二つの神殿からなる大神殿の北側は雨と稲妻の神、トラロクに捧げられた場所、南側はアステカの軍神、ウィツィロポチトリの祀られていた場所であることが裏づけられたのである。トラロクの祀られていた神殿が水を多く含んだ食料の山を表わしているのに対し、南の神殿はウィツィロポチトリが生まれた直後、コヨルシャウキと四百人の兄弟たちを殺害した山コアテペクを象徴していたといわれる。考古学的調査がこれほど土着の神話と直接結びつくことになったのは、メソアメリカ地域でもかつてなかったことであった。テンプロ・マヨールの発掘は、アステカの遺物ばかりか、埋もれていた神話までも掘り起こすこととなった、劇的な事件だったといってよいだろう。

二〇世紀の前半、マヤ考古学の発展に多大な貢献を行なったのが、ワシントンのカーネギー研究所だった。研究所の助成により、カミナルフユ、ワシャクトゥン、チチェン・イツァなど、マヤ地域の遺跡で相次いで大がかりな調査が行なわれた。J・エリック・S・トンプソンも、そうしたカーネギー研究所の援助を受けた有数な考古学者の一人で、マヤの文字と宗教における今世紀の第一人者の一人であった。ゼーラーと同様、トンプソンもメキシコ中央部の宗教に関する豊富な知識を活かしながら、マヤ文字やマヤ美術の解明につとめ、近代のマヤ民族学が先スペイン期のマヤ宗教の研究に欠かせないことを認めた。

マヤ文字の解読にあたって、トンプソンはじめ多くの学者が手がかりにしていたのは、もっぱらフェルステマンによる碑文の解釈だった。それまでは古典期マヤ文字で書かれたものは、主として暦法や天文学にまつわるものであって、歴史的事件や神話の出来事とはほぼ無関係と考えられていた。ところが一九六〇年代前半になると、この定説はくつがえされることになる。碑文の解読に成功したハインリヒ・ベルリンとタティアナ・プロスコリアコフによって、古代マヤ文字で書かれたものは暦法に関するものだけではなく、人物の誕生、即位、婚姻、戦争など、歴史に関する記述をも含んでいることが立証されたのである。そしてこれらのエピソードは人間ばかりでなく、太古の神々に関する記述でもあった。

もう一つ、ベルリンとプロスコリアコフらの発見とほぼ時を同じくして、マヤ文字の研究を大きく塗り変えるような出来事があった。ロシア人碑文学者のユーリ・クノロゾフは、すでに一九五〇年代から古代マヤ文字は表音音節文字であると主張していた。これに対し、トンプソンはまっこうから反論していたが、他の学者はこのころから次第にクノロゾフの研究成果を発展させるようになり、今ではマヤ文字には表音文字もあったとする見方が支配的となっている。マヤ文字の解読は現在も急速に進んでおり、毎年のように神々の名や神話の出来事をはじめ、マヤ宗教のさまざまな側面が明るみに出されている。

古典期マヤの記念碑にも神々や神話は描かれているが、古典期のマヤ神話を伝える最も重要な媒体といえば、表面に精緻な彫刻や絵画を施した土器である。こうした土器は、それまでにも王の墓などの体系的な発掘調査で発見されてはいたが、一九六〇年代になると、盗掘された壺があちこちの美術市場で大量に出現しはじめた。これによって、これまでまったく知られてこなかった重要な物語の場面が、一挙に日の目を見ることになったのである。一九七三年には考古学者のマ

不気味な人物が描かれた古典期後期マヤの壺。7 世紀ころ（ロンドン、人類博物館蔵）

イケル・D・コウが、壺に描かれているのは二組の双子の地下界での活躍を克明に描いた物語、すなわちキチェ人の『ポポル・ヴフ』に伝わる場面ではないかと述べている。その後数年の間、この説には若干の修正が加えられたが、古典期の壺にはそうしたエピソードがいくつも描かれており、今では『ポポル・ヴフ』創世の叙事詩の原型が、古典期からすでに存在していたことが明らかになっている。

サアグンをはじめとする一六世紀の記録者のおかげで、私たちにはアステカの神話や儀式に関する優れた文書資料が残されているわけだが、そうした資料からは、一つの共通した神話が見いだされることも少なくない。そしてそれらメキシコ中央部の資料については、一世紀の長きにわたりアステカの専門家による徹底した研究が行なわれ、今日に至っている。だが一方で、古代マヤ神話の研究はまだ揺籃期にとどまっている。『ポポル・ヴフ』を別にすれば、マヤの神話に関する文献には、スペイン人との接触の時期に書かれたものがほとんどないからである。しかも、マヤ文字の解読や美術の解明自体が今現在も進行中であることから、テキストや場面に関しても日々新たな発見がなされている。だがこのような段階にあってさえ、先スペイン期のマヤ文字や美術は、植民地時代の記録には残っていない神話も含め、古代マヤ神話について実に多くのことを語ってくれる。複雑かつ高度に発達した古典期マヤ文字や図像のおかげで、私たちは彼らがスペイン人と遭遇する、およそ千年も前の宗教的世界に触れることができるのである。

アステカの神話

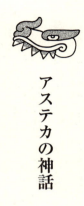

メキシコの征服から三年もたたない一五二四年、アステカ人の識者の一団と、新設された首都、メキシコシティーに到着した最初のフランシスコ会士たちとの間で、話し合いがもたれることになった。そのときのアステカ人側の主張を一部、ここに紹介しよう。

「あなたがたは我々が天地の造り主である〈身近な主〉を知らないとおっしゃいました。我々の神はまことの神ではない、と。あなたがたの語る言葉はしかし、我々には未知のものにほかなりません。そのために我々は戸惑い、苦しんでいるのです。なぜなら、地上に生きた我々の祖先がそのように語ることなどなかったからです。我々の生活の規範も、ほかならぬ彼らから受け継いだものでした。彼らは真実これを守っていましたし、なんといっても我々の神々を敬っていました」

これはサアグンの著書に収められている貴重な対話の一部であるが、これこそまさに、何千年もの間たがいに接触することなく、まったく別々に発展してきた二つの宗教的世界の、最初の交流だった。

アステカ人にとって、創造とは二者の対立や衝突の結果として起こる現象であった。たとえば二人の人間の対話のように、相対する者どうしが互いに影響しあい、やりとりをすることが、創造に結びつくと考えられていた。そうした互いに依存しあう対の思想をよく表わしているのが、創造神であるオメテオトル、すなわち「二元性の神」だ。この神は一三層からなる天上界の最上層である「二元性の場所」、オメヨカンに住んでいたが、男女二つの性を兼ね備えていたことから、トナカテクトリ（「われらの肉の神」）、トナカシワトル（「われらの肉の女神」）とも呼ばれた。万物をつかさどるのはオメテオトルにほかならないが、創造はその子供たちの手にゆだねられる。彼らも父神ほどではないにしろ、力のある神格であることに変わりはなかった。そして人間はこの兄弟神の所産、ないしは子ということになるから、オメテオトルは人間にとっていわば祖父母のような存在ということになる。そのせいか、オメテオトルはあごのたるんだ老人として描かれることが多いが、これはこの神が人間の起源であることを示すためでもあるのだろう。ただ、老いが衰えを意味しているかというと、けっしてそうではない。アステカをはじめメソアメリカでは、人は加齢とともに強い生命力をもつようになると考えられているからである。

さて、アステカの創世神話において中心的役割を演じるのは、オメテオトルの子であるケツァルコアトルとテスカトリポカの二神である。彼らはときには敵、ときには味方となって天地を創造する。羽毛のある蛇を意味するケツァルコアトルは、水の神であると同時に豊饒の神でもあり、広義には生命そのものと結びついた神である。ケツァルコアトルにはエエカトルという分身があり、風の神として生き物の息吹や雨雲をもたらす風のなかに現われたという。ケツァルコアトルが均衡と調和、そして生命に結びつく慈悲深い文化英雄として描かれているのに対し、テスカトリポカは争いと変化を表わす神だった。事実、アステカの人々はこの恐ろしい神を、「魔王」とか「われらの隷属する男」などと形容していた。テスカトリポカとは「煙る鏡」を意味し、典型的なテスカトリポカ像では、黒曜

「羽毛の蛇」、ケツァルコアトル像。体を覆う羽毛が背中まで流れている（写真右）。太陽光線の環のなかから顔を出している（写真左）ことから、アステカの創世神話で二番目の太陽となった「風の太陽」、ナウィ・エエカトルとしてのケツァルコアトルを表わしている可能性がある。後古典期後期（ロンドン、人類博物館蔵）

石の鏡が後頭部と片足に使われている。「煙る」というのは、黒曜石の特徴を述べたものと考えられるが、同時にまた、雲霧のなかで千変万化する、この神の神秘的な性格を物語っているようにも思われる。

このほかアステカのパンテオンの神々をあげると、農耕、雨、火、愛、娯楽、死、戦争、そして天体の男神および女神と、枚挙にいとまがない。その大半が後古典期後期にメキシコ中央部で尊崇されていたが、こうした神々はアステカの写本や彫刻のみならず、ボルジア・グループをはじめとする先スペイン期の五つの絵文書にもみられる。どの資料にも必ずと言っていいほど登場する雨と稲妻の神、トラロクの起源は紀元前一世紀のメキシコ中央部にさかのぼる。後古典期後期になると、この神はぎょろりとした目に、厚い上唇の下からジャガーさながら歯をむいている姿で描かれるようになった。トラロクの妻であるチャルチウトリクエ、すなわち「翡翠のスカートをまとった女」は、川とよどんだ水の女神である。若いトウモロコシ神、シンテオトルは、顔面にくねくねした線のようなものが描かれ、トウモロコシの穂が頭飾りに使われている。作物の豊かな実りをつかさどる神のなかで最も印象的な神の一つ、シペ・トテックは春と植物再生の神格であり、金細工師の守護神でもあった。この神は、人間から剝ぎとった生皮の仮面と着物で有名である。アステカには二〇日をもって一カ月とする暦があったが、そのうちのトラカシペワリストリという月には、人間から生皮を剝ぎとり、神官たちがこれを身にまとってシペ・トテックの化身となる儀式が行なわれていたという。一体何のためにそんなことが行なわれていたのか、はっきりしたことはわかっていないが、一説には生皮が春の到来と地上の植物の成長を表わしていたともいわれている。

数ある火と結びついた神格のなかで、最も古い神は「老いた神」、ウェウェテオトルである。この神を表わしたものでは、紀元前五〇〇年頃の制作とみられる香炉がプエブラで出土している。もう一つ、火の神で忘れてならないのが「トルコ石の神」、シウテクトリである。この神は時間をつかさどる神であると同時に、支配者の守護神でもあった。

メキシコ中央部の神々には娯楽と欲を象徴するものもある。「花の王子」、ショチピルリはトウモロコシの神も兼ねた、娯楽と美術の守護神だった。ショチピルリはまた、遊びと賭事の神で「五の花」を意味するマクウィルショチトルとも深く結びついている。美しい女神ショチケツァル、すなわち「花のケツァル」は、ケツァルと呼ばれるエメラルド色の美しい鳥の羽を二本、角のように頭飾りにさした姿で描かれることが多い。この女神は美術、快楽、そして恋愛をつかさどる神である。一方、トラソルテオトル、すなわち「堕落の女神」は、肉欲と淫行の結果と結びついていた。この女神にはトラエルクァニ、すなわち「排泄物を食す者」という異名があり、贖罪と浄化に関連する神であることを示している。口のまわりが黒く塗られているのは、おそらくこうした煩わしい役割を担っていることを表わしたものなのだろう。死をつかさどる主神は、暗黒の世界ミクトランの神であるミクトランテクトリである。ミクトランテクトリはその妻、ミクトランシワトルとともに、ひだのついた円錐型の被りものや紙製の衣をまとった骸骨として描かれる。

メキシコ中央部には太陽、金星、星、銀河系など、天体を表象する神が実に多い。おそらくは天体の動きが人々の目には宇宙での戦いのように映ったために、一つ一つが戦争と結びつけられるようになったのだろう。天体をつかさどる神々のなかで最も恐ろしい神といえば、明けの明星としての金星の化身、トラウィスカルパンテクトリ（「曙の主」）である。古代メソアメリカの人々は金星の光で怪我をすると信じていたために、金星が明けの明星として最初に現われるのをひどく恐れたという。この金星のおおよそ一〇四年間の運行を予測した複雑な天体図が、ボルジア・グループの複数の絵文書に描かれていた。どの場面にも、槍投げ器で燃えるような光線を投げつけるトラウィスカルパンテクトリが描かれている。ミシュコアトル、すなわち「雲の蛇」も星と関連のある神で、その姿は生け贄にされる捕虜を思わせる、赤と白の縞模様で描かれることが多い。天の川の神であるミシュコアトルは、死んで星になった戦士たちの魂の化身だといわれる。天界の神でとりわけ有名なのは太陽神、トナティウである。この神を表わしたもので最初に見つかったのは後古典期前期のトルテカの美術品だが、トナティウは通常、太陽光線を表わす円盤を背に、武装した戦士の姿で描かれている。トナティウはアステカの戦争崇拝（その目的は主として太陽に心臓をささげるために捕虜を確保することだった）の、いわば中核をなす存在ではあったが、戦いと結びついたアステカ唯一の太陽神だったわけではなかった。

天地創造

マヤをはじめとする他のメソアメリカの人々と同様、アステカ人もまた今の世がはじまる前には別の世界が存在したことを信じていた。アステカ人によれば、今の世は五番目に創造されたもので、それ以前にも四つの時代、すなわち「太陽」があった。それぞれの太陽には二六〇日暦の名がつけられ、時代が変わるごとに太陽となる神格もその世界に住む人間も変わったという。暦の名に加え、どの太陽もかならず土、風、火、水のいずれかと結びついていた。この四元素はそれぞれの時代の性質や構成だけでなく、その時代の滅亡の仕方とも関係があった。たとえば土の太陽、ナウィ・オセロトル（四のジャガー）は、土と地下界と深い関係がある動物、ジャガーによって滅ぼされる。テスカトリポカとケツァルコアトルは四つの時代すべてに登場し、たび重なる創造と破壊も、この二人が宇宙で戦いを繰りひろげる結果のようである。この神話は古代アステカの彫刻に描かれているほか、植民地時代の文献では一〇通りを超えるパターンがある。同じ植民地時代の資料でも、四つの太陽の創造順が文献によって異なっているのだが、最も古くかつ重要といわれる『絵によるメキシコ人の歴史』と『太陽の伝説』では、アステカの記念碑に描かれているものと符合している。次に紹介するのは、この二つの文献に基づいて再現した話である。

一三層からなる天上界の最上層で、一対の創造神が四人の息子をもうけた。一番上が赤いテスカトリポカ、二番目が黒いテスカトリポカで、アステカ神話にたびたび登場するのは、この黒いテスカトリポカである。三番目はケツァルコアトル、そして四番目がアステカの守護神ウィツィロポチトリであった。さて、四柱の兄弟神は、火、天、地、海、地下界、一組の男女、そして聖なる暦をつくった。最初の時代、すなわち「土の太陽」の統治者には黒いテスカトリポカがなり、巨人が住まわされた。この巨人は、素手で木を根こそぎにできるほどの力持ちだったという。ところが、テスカトリポカはケツァルコアトルの戈《ほこ》で一突きに海のなかへ突き倒され、再び姿を現わしたときにはジャガー、すなわち今の大熊座に変身していた。そして獰猛なジャガーの群れが巨人たちをおそい、全滅させてしまったのだった。ある古い資料によれば、アステカ人はテノチティトラン付近で発見された、絶滅したマンモスなどの巨大動物の化石こそ、このときの巨人の骨にちがいないと考えていたという。

次の世、すなわち「風の太陽」の統治者にはケツァルコアトルがなった。しかし、ケツァルコアトルはテスカトリポカに蹴倒され、ケツァルコアトルと人々は大風に吹き飛ばされてしまう。このとき生き残ったのが、森の木々で戯れている猿である。この世界を、『太陽の伝説』は次のように記している。

この太陽を四の風という。

この二つ目の太陽の下で暮らしていた民は、風にさらわれてしまった。

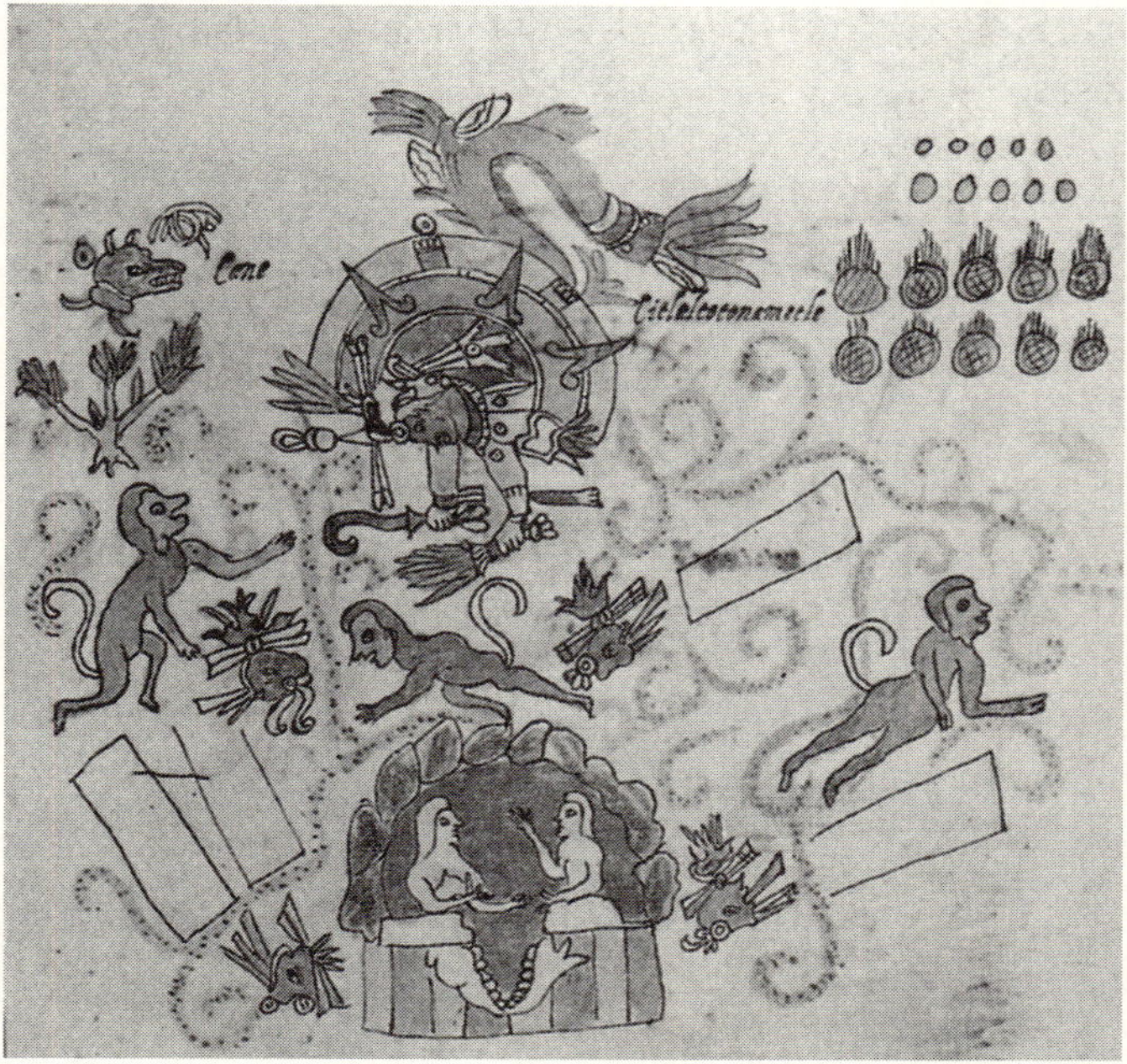

破壊される「太陽の風」と猿に変えられる人間。画面上のケツァルコアトルは、太陽光線のしるしをめぐらした風の太陽として描かれている。ヴァチカンA絵文書6葉表（部分）、植民地時代初期。

人々がいなくなったのは、この四の風の太陽の下であった。人々は風にさらわれてしまった。そして猿になった。家も、木々も、みな風に飛ばされてしまった。しまいには当の太陽も、吹き飛ばされてしまった。

三番目につくられた世界、すなわち「雨の太陽」を支配したのは、雨の神トラロクだった。この世界もしかし、ケツァルコアトルの降らせる火の雨によって滅びることになる。メキシコ中央部は火山の噴火が起こりやすい地質であることから、火の雨とはおそらく火山灰のことだろうと思われる。火の雨に打たれた後、人々は七面鳥に変えられてしまう。「水の太陽」、すなわち四番目の太陽となるのは、トラロクの妻で、川とよどんだ水をつかさどる「翡翠のスカートの女」、チャルチウトリクェであった。この世界は大洪水で滅ぼされ、人々は魚に変えられる。そして洪水のあまりの凄まじさに山々も押し流され、天空が崩れ落ちてきたという。

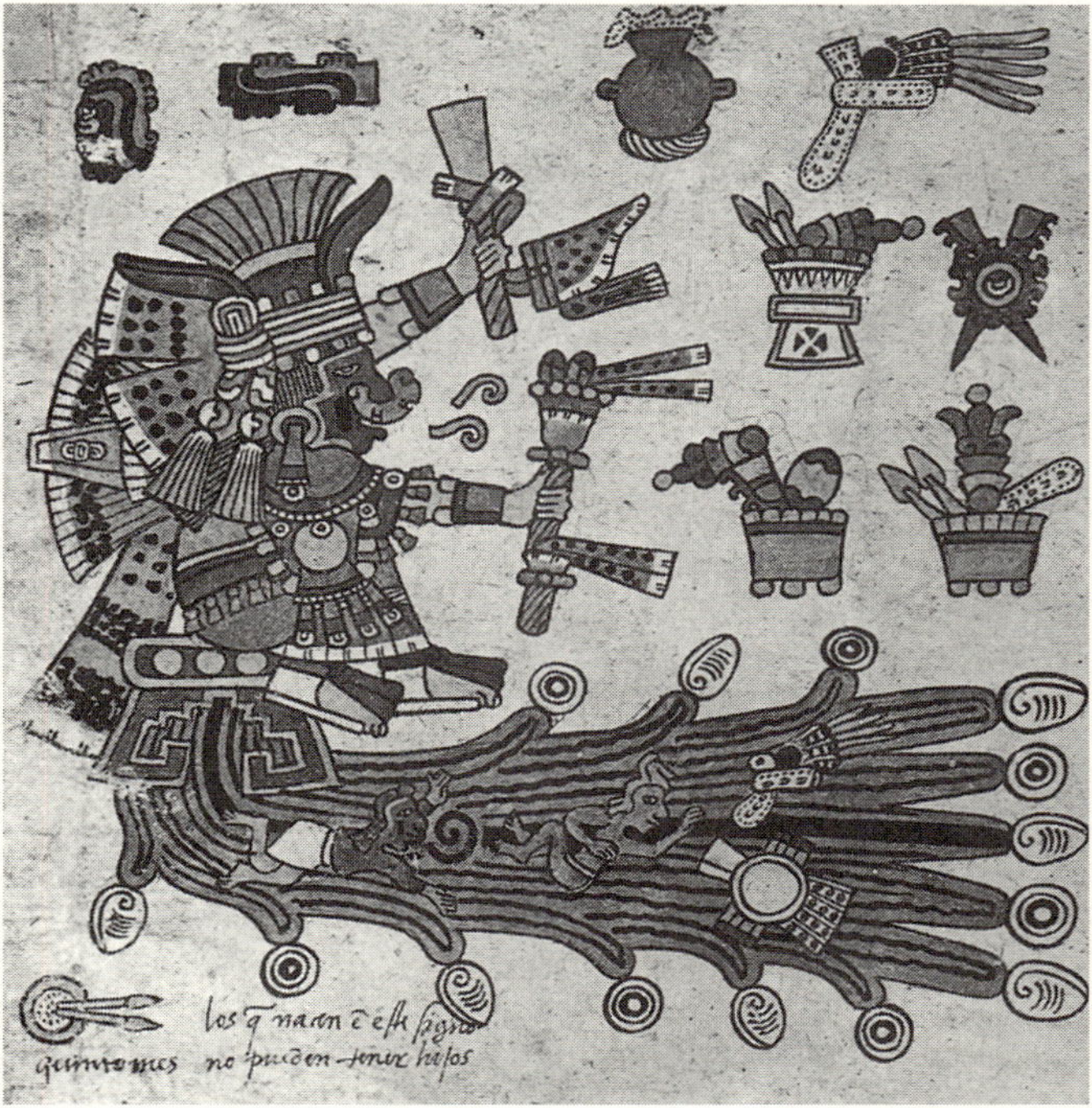

よどんだ水の女神チャルチウトリクェと（画面下）「太陽の水」、ナウィ・アトル。ブルボン絵文書5頁（部分）、植民地時代初期。

ところで『太陽の伝説』には、テスカトリポカが庇護していたという、タタとその妻ネネの物語が収められている。『ノアの箱舟』のように、二人は木のウロに隠れて洪水がひくのを待つのである。テスカトリポカからトウモロコシをめいめい一本だけ食べるように言われた二人は、その実を少しずつかじりながら、徐々に水の引いていく様子を見守っていた。ようやくウロから出られるようになると、二人は一匹の魚を見つけた。それは洪水の犠牲となって、魚に変えられてしまったかつての人間だった。彼らは目の前に食糧があるのを見るとどうにも我慢ができなくなり、とうとう火鑽《ひき》りで火を起こして魚を焼いた。すると、星の神シトラリニクェとシトラトナクが煙に気づいて、こう叫んだ。「神々よ、いったい誰が火を起こしているのだ。天を煙らせたのは誰なのだ」。そこでテスカトリポカはすぐさま地上に舞い降りてくると、怒りに声を震わせて言った。「何ということをしてくれたのだ、タタ。お前たちはいったい何ということをしてくれたのだ!」テスカトリポカはやにわに二人の首をはね、その首を尻の方につけてしまった。こうして犬がつくられたのである。

天地の再生

四つの太陽を破壊したテスカトリポカとケツァルコアトルだったが、その彼らが今度は敵ではなく、味方となって天地を再生する。『絵によるメキシコ人の歴史』には、次の重要なくだりがある。創造神から生まれた四人の息子が、また別の四神の助けを借りながら、大地の中心に向かって四本の道を描いた。こうして大地が四つに分かれると、八柱の神々は崩れ落ちていた天をいっせいに持ちあげた。そしてさらに天を支えるために、テスカトリポカとケツァルコアトルが二本の樹に変身した。テスカトリポカの樹には輝く鏡が、ケツァルコアトルの樹にはエメラルド色のケツァル鳥の羽がしるしとしてつけられた。二人の功績をたたえ、トナカテクトリは彼らを天と星の主にした。天の川は、二人が星空を渡るための道なのだという。

また別の創世神話は、ケツァルコアトルとテスカトリポカが大地の怪物、トラ

アステカの大地の神、トラルテクトリ。後古典期後期の石彫より。

ルテクトリの手足をもぎとり、大地をつくり変えたと伝えている。トラルテクトリという名は「大地の主」を意味するが、この怪物は言ってみれば両性具有で、女性として描かれることが多い。トラルテクトリは別の大地の怪物と合体することもあった。その怪物とは、刺だらけの背中が実は世界の山々をなしていたという、巨大なワニである。トラルテクトリの神話はメソアメリカ各地に伝わっており、その変形はユカタンのマヤにもみられた。アステカの『メキシコの歴史』という文献には、次のような記述がある。ケツァルコアトルとテスカトリポカが空から舞い降りてくると、ちょうど海を渡ってくるトラルテクトリの姿が見えた。怪物はよほど腹を空かしているのか、大きな口から牙をむいているばかりか、肘や膝など体中いたるところが口と化し、しきりに歯ぎしりしていた。ケツァルコアトルもテスカトリポカも、あのような野蛮な獣がいては、天地創造を終えることはできないと考えた。そこで二柱の神は、大地を創造するために、二頭の大蛇に変身した。そして一頭がトラルテクトリの左手と右足を抑え、もう一頭がその右手と左足を抑えつけると、両側からひっぱって怪物を真二つに裂いてしまった。やがてトラルテクトリの上半身は大地となり、空中に投げだされた下半身からは天が創造された。

だがトラルテクトリの惨殺は、ほかの神々の怒りを買うことになる。体を裂かれた大地を慰めようと、神々は人間が生きるために必要なあらゆる植物を、トラルテクトリの体から生やすことにした。髪からは美しい草木や花が、皮膚からは草や小さな花が生え、目は泉や小さな洞穴に、口は雄大な河や洞窟に、そして鼻は渓谷や山になった。今でも夜になると、この大地の女神が人間の血と心臓を求め、悲痛な叫び声をあげているのが聞こえるそうである。結局のところ、トラルテクトリをなだめ、人間が生きるために必要な作物の実りをもたらすには、生け贄にした人間の血肉を十分に与えるしかないのだという。

人間の起源

こうして世界をつくり直した神々は、また大地に住まわせる人間が必要だと考える。現在の人間の創造については、文献によってさまざまな記述があるが、ここでは『太陽の伝説』と『メキシコの歴史』をもとに再現した話を紹介しよう。

神々は話し合った結果、洪水で魚に変えられてしまった人々、すなわち最後の世の人間の骨を取り返すために、風の神ケツァルコアトルを地下界へ行かせることにした。地下界はミクトランとして知られる危険な場所で、「ミクトランの主」、すなわち髑髏の顔をもつ狡猾な神、ミクトランテクトリの統治する国だった。ケツァルコアトルは地下界へ入ると、先祖の骨をもらいたいとミクトランテクトリとその妻に願い出る。

そうしてケツァルコアトルはミクトランへ赴いた。彼はミクトランテクトリとミクトランシワトルに近づくが早いか、こう言った。「おまえの持っている貴重な骨を捜しにきた。そのためにここまでやって来たのだ」

するとミクトランテクトリは、こう尋ねた。「だがケツァルコアトルよ、それをどうしようと言うのじゃ」

そこでケツァルコアトルは、もう一度言った。「神々が地上に人を住まわせたがっているのだ」

老獪な死神は、それなら骨をやろうと言う。ただし、条件があった。ほら貝を吹き鳴らしながら、地下界を四周しなければ、骨はやれないというのだ。それは一見、訳もないことのように思われた。ところが、ケツァルコアトルに渡されたのは穴の開いていない、ただの貝殻だった。そこでケツァルコアトルは相手の裏をかき、虫に穴を開けさせてから貝のなかへ蜂を入れ、音を鳴らしたのだった。（風と生命の威力の象徴として、ケツァルコアトルは貝を割った「風の宝石」を胸につけた姿で描かれることが多い）。

さて、貝が鳴ったのを聞くと、ミクトランテクトリは約束どおり骨をやることを承知するが、またすぐに気を変えてしまう。だがケツァルコアトルはまたしてもミクトランテクトリと手下たちの裏をかき、とうとう骨をもって逃げだした。怒ったミクトランテクトリは、今度は深い穴を掘るように手下たちに言いつける。走っていたケツァルコアトルの前へとつぜん一羽のウズラが飛びだし、ケツァルコアトルは足をすべらせて落とし穴にはまってしまう。

こうして穴が掘られてから、ケツァルコアトルは一羽のウズラに脅かされ、足をすべらせてその穴へ落ちた。彼は死に、貴重な骨はあたりに散らばった。そ

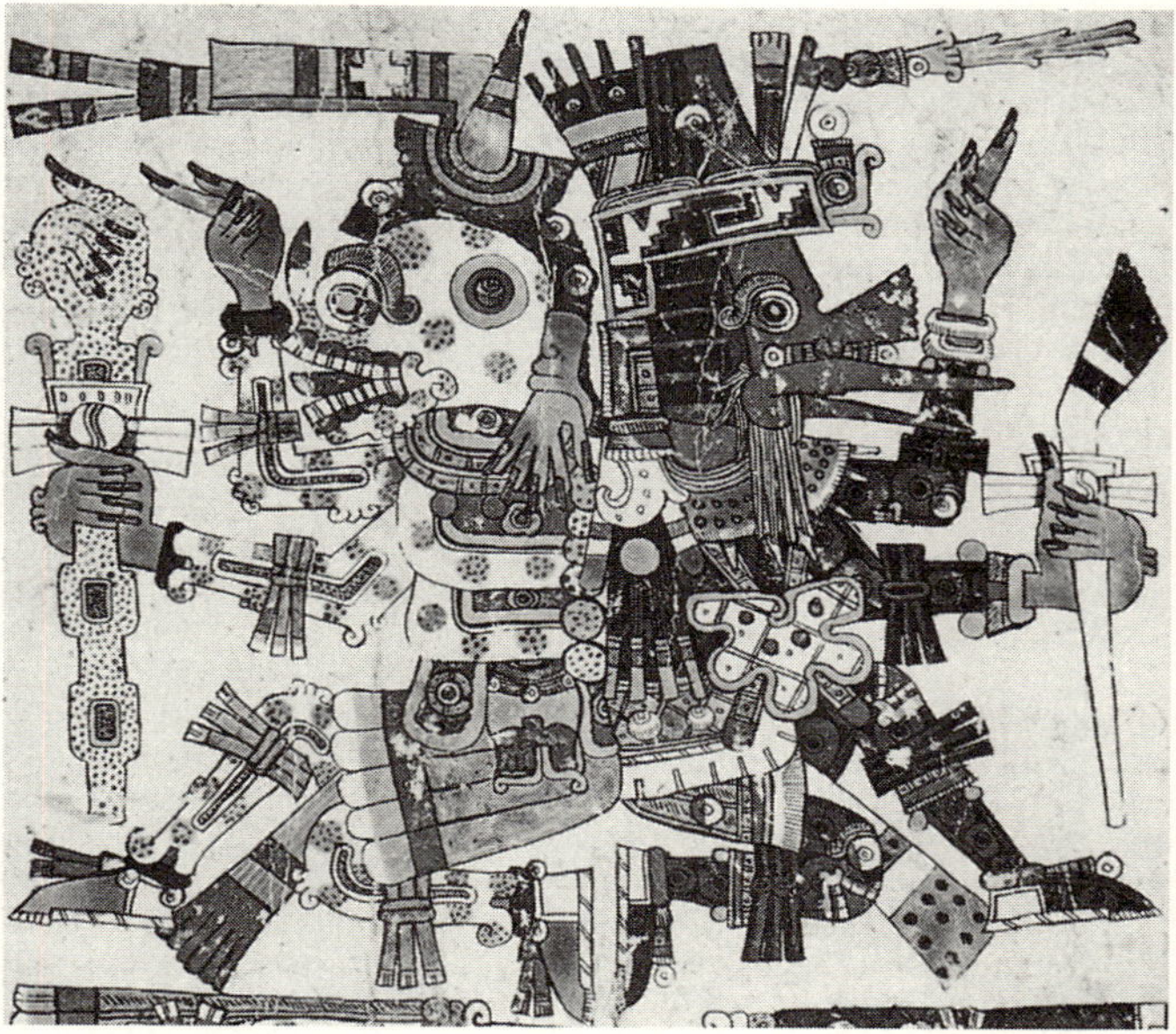

死の神ミクトランテクトリと生命の神エエカトル＝ケツァルコアトル。ボルジア絵文書 56 頁（部分）、後古典期後期。

れをウズラがつつき、噛みくだいてしまった。

やがてケツァルコアトルは生き返り、散らばった骨を拾い集めたが、骨はどれも折れてしまっていた。今の人間の体格がばらばらなのは、このためだという。ケツァルコアトルは地下界を脱出し、貴重なその荷をすべてが始まった地とされる〈タモアンチャン〉へ運んだ。タモアンチャンでは「蛇の女」、シワコアトルが骨を挽いて粉にし、特別な容器に入れた。神々は壺のまわりに集まり、粉にされた骨の上から自らの血を滴らせた。こうして、魚にされた人間の骨と神々の改悛の血とが混ざりあって、今の人間が誕生したのである。

トウモロコシの起源

かくして地上では再び人間が暮らすようになったが、栄養や活力となる食糧がまだなかった。トウモロコシをはじめとする作物の起源については、神話によっ

貴い翡翠の容器から水と作物をまくトラロク。アステカの石箱より。後古典期後期（ロンドン、人類博物館蔵）

て諸説があるが、最も重要といわれている一つが、『太陽の伝説』に収められている。このエピソードは、今日でもメキシコやグアテマラ各地で知られているという。

さて、タモアンチャンで人間をつくり終えると、神々はいっせいに食物となるものを探しに出かけた。ケツァルコアトルは一匹の赤アリがトウモロコシを運んでいるのを見つけ、どこでその不思議な食べ物を見つけたのかと尋ねた。はじめのうちは返事をしぶっていたアリだったが、ケツァルコアトルに脅され、とうとうトナカテペトル山（食糧の山）へと案内する。けれども入り口が非常に狭かったので、ケツァルコアトルは黒アリに変身し、赤アリについて石でおおわれた山の奥深くへと入っていった。すると、種や実のたくさん詰まった部屋へ出たので、ケツァルコアトルはその中からトウモロコシの粒をいくつかとり、タモアンチャンへ戻った。そして神々はそれらを噛み、やわらかくしてからエネルギーとして人間に与えたのだった。

それから神々は言った。「あのトナカテペトル山をどうしたらいいだろう」。ケツァルコアトルは山を紐でしばって引っ張ってみたが、山は大きすぎてびくともしなかった。そこで、老いた予言者の夫婦、オショモコとシパクトナルがどうすればトナカテペトルの種を手に入れられるかを占った。すると、食糧のつまったこの岩を病気の神ナナワツィンに開けさせよという結果が出た。ナナワツィンは方角を表わす雨と稲妻の四神、すなわち青、白、黄、赤のトラロクの助けを借りてトナカテペトルをこじあけた。そのとたん、中からは大量のトウモロコシの粒やさまざまな種が吹きだし、四方に飛び散った。そこへ四柱のトラロクがいっせいに飛びだしていき、白、黒、黄、赤のトウモロコシや、豆などの食べられる植物をひったくるように拾い集めた。こうしてトナカテペトルで種を手に入れたことから、トラロクは雨ばかりでなく、穀物を与える神ともなったのである。

プルケの起源

竜舌蘭から蜜をとりだして発酵させた醸造酒プルケ。儀式に用いたり捧げものにしたりと、アステカの祭事には欠かせない飲物であった。当時のアステカ社会では、とくに貴族の場合、公の場での酩酊はきびしく咎められたというが、プルケは宴会や祭りの席などでよくふるまわれていたようだ。そのプルケにまつわる神話が、主要な文献の一つ、『メキシコの歴史』に収められている。この文献には、他の資料にはあまり見られない、ツィツィミメ（単数形ではツィツィミトル）という神に関する記述がある。この神は、世界を滅ぼすと言っては人々を脅し続ける、恐ろしい暗闇の魔神だった。女性として描かれることが多いこの夜の

女性の魔神ツィツィミトル。マッリアベッキ絵文書 76 葉表。
アステカ、植民地時代初期。

魔神は、朝夕、太陽と戦いを繰りひろげる星なのだという。

さて、人間には食糧を確保するための種が与えられたが、日常生活のなかで喜びや楽しみと呼べるようなものはほとんどなかった。神々も、人間が歌ったり踊ったりできるようななにかが必要だと考えていた。飲物で酔わせば、人間の生活にも楽しみというものができるのではないか。そう考えたケツァルコアトルの脳裏にふと浮かんだのが、恐ろしい祖母、ツィツィミトルとともに天界に住む若い竜舌蘭の女神、マヤウェルのことだった。そこでケツァルコアトルはさっそく眠っている乙女、マヤウェルを見つけだすと、彼女をゆり起こし、いっしょに地上に降りてほしいと頼む。そうして、二人は下界で一本の大きな樹を見つけ、一方の枝にはケツァルコアトルが、もう一方の枝にはマヤウェルが折り重なった。

一方、孫娘がいなくなったことに気づいたツィツィミトルは烈火のごとく怒り、仲間の魔神を呼び集めてマヤウェルの行方を探しはじめた。怒り狂ったツィツィミトルたち、すなわちツィツィミメが、ケツァルコアトルとマヤウェルの隠れていた樹を目がけて突進すると、樹は真二つに裂け、二本の枝はすさまじい音とともに地面に倒された。そして二本の枝のうちどちらが孫娘かわかると、ツィツィミトルは無惨にもそれをばらばらに砕き、仲間たちに配って食べてしまった。けれどもケツァルコアトルの枝には目もくれず、ツィツィミメはそのまま天界に帰ってしまった。再びもとの姿に戻ったケツァルコアトルは、悲嘆にくれながらマヤウェルの残った骨を拾い集め、土のなかに埋めた。この簡素な墓から、プルケの原料となる最初の竜舌蘭の芽が出ることになったのである。

五番目の太陽の創造

さて、創造の叙事詩も五番目の太陽、〈ナウィ・オルリン〉の創造とともにいよいよクライマックスを迎える。古代アステカの人々はこれをメキシコシティーから北東へ四〇キロほど行ったところにある古代都市、テオティワカンで実際に起こったことと考え、この地こそ時の始まった場所であると信じていたという。次に紹介するのは二つの重要な資料、『フィレンツェ文書』と『太陽の伝説』をもとに再現した話である。

大地と人間、そして食物と飲物を創造した後、神々はテオティワカンに集まり、暗闇のなかで、世を照らす次の太陽には誰がなるべきかを相談した。

まだすべてが闇のなかにあり、太陽も昇らず夜も明けなかったころ、神々はテオティワカンにつどって話し合ったという。

「さあ、神々よ、誰か引き受けてくれる者はいないのか。太陽となり、夜明けを来たらせる者はいないのか」

するとテクシステカトルという傲慢な神が進みでたが、ほかの神々はもう一人の候補として、病を患っている謙虚な神、ナナワツィン（トウモロコシを手に入れるために岩を割った神である）を選んだ。ナナワツィンはこの役目を、ほかの神々に対する義務であり、負い目であると受けとめ、戦士のごとく従容として引き受ける。供物を燃やす薪が準備され、テクシステカトルとナナワツィンが断食と苦行を行なう丘がつくられた。この二つの丘が、今の太陽と月のピラミッドなのである。テクシステカトルが断食と勤行の間に用意した供物は、とびきり豪華なものだった。花束の代わりにケツァルの羽を、乾草の代わりに黄金の玉を使い、また自分の血で染めた竜舌蘭のとげを使うところを、赤いサンゴで染めた翡翠の突きぎりを使った。香もこれ以上ないほど上等なものを薫《た》いた。一方、ナナワツィンの捧げものは、それ自体あまり価値のないものばかりだった。花束と乾草の玉の代わりに葦の束を用い、自分の血で染めた竜舌蘭のとげを捧げた。そして自分の体のかさぶたをとり、それを香として薫いたのだった。

四日間の苦行が終わり、真夜中になると、神々は二人に服を着せた。テクシステカトルには豪華な衣装が着せられたが、ナナワツィンには紙でできた質素な祭服が与えられただけであった。やがて神々は火をとりかこんだ。火は四日間燃え続けていただけに、すさまじい熱さになっていた。神々は火の両側に立つと、テクシステカトルを呼び、炎のなかへ飛び込むように命じた。それを聞いて、テクシステカトルは火のほうへ走っていきかけたが、燃えさかる炎を前にすると、とたんに足がすくんでしまった。そこで彼はもう一度やり直したが、やはり足がすくんでしまった。四回も試したが、何度やっても同じことであった。とうとう神々はナナワツィンを呼んだ。すると、彼はあっという間に走っていって火のなかへ飛び込んでしまったのだった。

ナナワツィンは勇気を奮い起こすと、覚悟を決め、意を決し、雑念を去って、かたく目を閉じた。彼は少しも恐くはなかった。途中で止まることもなかった。後ずさりもせず、振り返りもせず、あっという間に火のなかへ飛び込んでしまった。彼に迷いはなかった。そうして彼は燃えた。ぱちぱちと音を立てながら燃えていった。

ナナワツィンの勇敢な最期を見とどけたテクシステカトルは、ついに腹を決め、自らも炎に身を投げて焼け死んだ。そしてその後を追うように、鷲とジャガーも火に飛び込んだ。鷲の羽は焼けこげ、ジャガーの生皮には黒い斑点ができた。これゆえ、鷲とジャガーはアステカ戦士の勲章となったのである。

さて、こうしてナナワツィンとテクシステカトルがいったん焼け死ぬと、神々は彼らが再び現われるのをじっと待った。すると、四方の空がしだいに赤く染まりはじめた。神々はあの勇敢なナナワツィンがいったいどこから出てくるのかと、いっせいにあたりを見回した。ある者たちは東から出てくるのではないかと言い、東の方角を見つめていると、本当にナナワツィンが姿を現わしたのだった。それはもう以前の貧弱な、みすぼらしい彼ではなかった。ナナワツィンは太陽神、トナティウとなって蘇り、四方へ太陽光線を放ったのである。

そうして現われた太陽は、燃えるように赤く、左右にゆらゆらと揺れているのだった。光で目がくらみ、誰もその顔を見ることができなかった。

その直後、テクシステカトルも東の空に昇り、トナティウと同じように輝きはじめた。二人の輝き方があまり似ているので、神々もこれでは世界が明るくなり

アステカの暦石。中央にあるのはテオティワカンで創造された現在の「動きの太陽」、ナウィ・オルリン。それを囲む四つの方形には、それぞれ過去に滅びた時代の名が表わされている。アステカ、後古典期後期（メキシコ国立人類学博物館蔵）

すぎるのではないかと思った。そこで一柱の神が走りでて、テクシステカトルの顔にウサギを一匹、投げつけた。すると傷ついた月の輝きは太陽よりも弱まり、満月にはウサギの姿が見えるようになった。

ひたいに矢の刺さったイツトラコリウキ。明けの明星、「曙の主」は、太陽の放った矢が刺さり、石と冷気の神と化す。テレリアノ＝レメンシス絵文書16葉。アステカ、植民地時代初期。

かくして太陽と月は現われたが、どちらも空中にとどまったまま、いっこうに動こうとしなかった。しかも、トナティウはほかの神々が自分に忠誠を誓い、血を捧げるまでは断じて動かないと言うのだった。これを聞いた「曙の主」、トラウィスカルパンテクトリはすっかり腹を立て、太陽にむかって矢を射た。が、ねらいは外れ、今度は太陽が明けの明星めがけて自分の矢を放った。矢はトラウィスカルパンテクトリの頭に命中し、その瞬間、曙の主は石と冷気の神、イツトラコリウキに変えられてしまった。明け方が寒いのはそのせいである。神々はしばらく話し合ったのち。太陽を動かすには自分たちが犠牲になるしかないのだという結論に達した。そこでケツァルコアトルが神々の心臓を一つ一つ、供犠用のナイフで丁寧に取りだしていった。このとき神々のまとっていた衣装や装飾品は聖なる束につつまれ、人々に祀られるようになった。こうしてテオティワカンで神々が殺されたことから、「動きの太陽」、ナウィ・オルリンが誕生した。この五番目の太陽が運行し続けるためには、神々が自己犠牲を強いられたように、人間も心臓と血を太陽に与えなければならないのだという。

アステカ王国の神話

五つの太陽と現世、人間、トウモロコシ、そしてプルケの創造。これらにまつわるアステカの神話が、後古典期にはメキシコ中央部のほぼ全域に伝わっていたことは間違いない。こうした神話は大部分が相当古く、もともとは古典期の伝承が発展したものと思われる。たとえば、人間の創造が前世の遺物から行なわれたという物語も、ベラクルスの古典期後期の遺跡、エル・タヒンでこれを描いたものが見つかっている。このいわば古典期後期版の創造神話では、トラロクが自分の性器から血を流し、死んだ人魚、すなわち洪水で魚に変えられてしまった人間の上に注ぐというエピソードになっている。

こうしてみると、メキシコ中央部の後古典期後期の創世神話にはたしかに古代、そして現代の他のメソアメリカ神話との共通点が多い。しかしアステカにはアステカ固有の創造神話、すなわち急速に勢力を拡大していったアステカ王国を象徴

人魚に自分の血をかけるトラロク。初期の人間創造の場面とも考えられる。ベラクルス州エル・タヒン、南の球技場の壁面に施された浅浮彫より。古典期後期。

する国家的神話もあった。「左の蜂鳥」、すなわちアステカの軍神、ウィツィロポチトリの起源がそれである。彼にまつわる神話も含め、ウィツィロポチトリは純粋にアステカの生んだ神といってよいだろう。テスカトリポカや星の神ミシュコアトル、火の神シウテクトリの属性をもつウィツィロポチトリは太陽神であり、その表象もトナティウとかなりの部分、重複している。だがアステカ人にとって

耳から血を流すウィツィロポチトリ。右手の後ろに突き出ているのは蜂鳥の頭飾り。巨大なジャガーの彫刻より。アステカ、後古典期後期（メキシコ国立人類学博物館蔵）。

最も重要な神とはいいながら、ウィツィロポチトリがメキシコ盆地以外の地域で尊崇されることはなかったようだ。事実、この神を表わした古代メソアメリカの美術品は驚くほど少ないのである。

ウィツィロポチトリの誕生

ウィツィロポチトリの起源については、植民地時代の資料では十指に余る説があるが、誕生の地は古代都市のトゥーラに近い、コアテペク（「蛇の山」の意）だとするものが多い。『絵によるメキシコ人の歴史』によれば、アステカの人々はウィツィロポチトリを祀るために、毎年このコアテペクに集まったという。この神話に登場する主な神々は、すべてアステカのパンテオン固有のもので、後古典期後期メキシコ中央部の他の文化にはけっして見られない神々である。ウィツィロポチトリの母は名をコアトリクェ、すなわち「蛇のスカートの女」といい、文字通り絡みあった蛇のスカートをはいている。また同じ母から生まれたコヨル

「蛇のスカートの女」、コアトリクェ。ウィツィロポチトリの母にあたる。切り落とされた腕と首から伸びている蛇は血を表わし、コアトリクェが殺されたことをうかがわせる。アステカ、後古典期後期（メキシコ国立人類学博物館蔵）。

シャウキという姉は、チャンティコという一般にあまり知られていない、メキシコ中央部の火の神が一部形を変えたものとされている。コヨルシャウキとは「鈴をつけた者」を意味する。その名の通り、コヨルシャウキ像の両頬には金属製の鈴が施されていることが多い。このコヨルシャウキには大勢の兄弟がいた。センツォン・ウィツナワ、すなわち四〇〇人（つまり大勢）の南部人と呼ばれる彼らは、アステカでは四〇〇柱のプルケの神と関係があると考えられていた。コアテペクでのウィツィロポチトリ誕生の経緯については、サアグンの著書が最も詳しい。『フィレンツェ文書』第三書をもとにこれを再現すると、次のようになる。

ある日のこと、つつましく信心深いコアトリクェという寡婦《やもめ》が、お参りにきたコアテペク山で掃除をしていると、羽毛でできた珠が落ちてきた。その球があまりに見事だったので、コアトリクェはそれを懐におさめた。ところが、後で取りだそうとすると、珠はこつぜんと消えているのだった。このとき彼女は知る由もなかったが、実はこの羽毛の珠によって、コアトリクェはウィツィロポチトリを身ごもったのである。やがてコアトリクェの腹は少しずつ膨らみはじめ、とうとう息子たちのセンツォン・ウィツナワにも懐妊したことが知れてしまう。面目をつぶされた息子たちは激怒し、父親が誰なのかと詰問した。姉のコヨルシャウキは、こうなったら母を殺すしかないと言う。

するとか姉のコヨルシャウキが言った。

「母上はわたしたちの顔に泥を塗ったのだからね。いつのまにか身ごもっているようなふしだらな母親を生かしておくわけにはいかないよ。それにしてもお腹の子はいったい誰の子なのであろう」

息子たちの企てを知ってコアトリクェは恐れおののいていたが、とつぜん腹の中から声がして、すべて心得ているから安心するように、と慰めるのだった。さて、コヨルシャウキは武装した四百人の兄弟たちを率いて、コアテペクへやってきた。そして彼らがとうとう頂までたどり着いたとき、コアトリクェから完全武装したウィツィロポチトリが生まれたのだった。ウィツィロポチトリはシウコアトル、すなわち「トルコ石の蛇」と呼ばれる火の玉を振りまわし、コヨルシャウキを八つ裂きにしてしまった。ばらばらになった彼女の手足は、コアテペクのふもとへ転がり落ちていく。

ウィツィロポチトリはコヨルシャウキを刺すと、あっと言う間にその首をはねてしまった。首はコアテペトル（コアテペク）のきわへ落ち、胴体は転がり落ちていった。両腕も、両足も、胴体も、微塵に砕けながら落ちていき、あちこちに散らばってしまった。

コヨルシャウキが死ぬと、ウィツィロポチトリはセンツォン・ウィツナワを追ってコアテペクを駆けめぐった。そして南へ逃げのびた数人を除いて、彼らの大半は殺されたのだった。

今世紀初頭のエドゥアルト・ゼーラーの説では、コアテペクでのウィツィロポチトリの誕生は、闇の神々と対決する朝日を表わしているという。シウコアトル、

フィレンツェ文書第三書より。上はウィツィロポチトリ誕生の場面、下はコアテペクで敵を打ち負かす場面である。植民地時代初期。

すなわち火の蛇を手に火の光線を放つウィツィロポチトリは新しく誕生した太陽であり、センツォン・ウィツナワは言うまでもなく、毎朝、朝日に打ち負かされる星というわけである。しかしコヨルシャウキについては、宇宙において何を表象しているのか、正確なところはわかっていない。ゼーラーの説では月だということになっているが、明らかに月の象徴と思われるものを身につけているわけではないし、カルメン・アギレラの説のように同じ夜空の天体、天の川を表わしている可能性もある。

ウィツィロポチトリの誕生はこのような宇宙論的な意味をもつと同時に、アステカ人によるメキシコ中央部一帯の支配を象徴している。ウィツィロポチトリは、アステカ人とその王国を体現した超自然的存在だった。つまりこの神の誕生は、アステカの版図拡大、および周辺諸国に対する彼らの支配権を正当化するものだったのである。アステカ人はメキシコ盆地では新参者だった。先住者のいる地に入り、その土地に根づいていた風習まで覆した彼らは、まさに姉や兄たちを打ち負かしたウィツィロポチトリを思わせる。

かつてアステカの都には巨大な神殿、テンプロ・マヨールがそびえ、ウィツィロポチトリとその誕生にまつわる奇跡を、絶えず見る者に想起させていた。二つある神殿の北側は雨の神トラロクに捧げられ、南側はウィツィロポチトリを祀った主神殿になっていた。土着の文献やスペイン人の記録によれば、ここでは頻繁に捕虜たちの生け贄の儀式が行なわれていた。生け贄となる人はまず石の上に寝かされ、心臓を取りだされたのち、階段の下へ放りだされたといわれる。一六世紀の史料には、この南側の神殿が神話に登場するコアテペク、つまりウィツィロポチトリ誕生の地を表わしていたとも記されている。

このことを裏づける驚くべき証拠が、一九七八年二月二一日に見つかった。工事を行なっていた電力会社の作業員が偶然、かつてテノチティトランの心臓部だった場所で、コヨルシャウキの巨大な石彫を掘り当てたのである。屈辱と敗北を表わしたこの石碑には、ばらばらに切断されたコヨルシャウキの裸体が描かれていた。首や手足をもがれ、胴体からは血が吹きだしているが、コアテペクを転げ落ちていくさなかの姿を描いたものなのか、走っているふうにも見えて躍動感が

テンプロ・マヨール、ウィツィロポチトリの神殿の階段下で発見されたコヨルシャウキの石盤。アステカ、後古典期後期（テンプロ・マヨール博物館蔵）

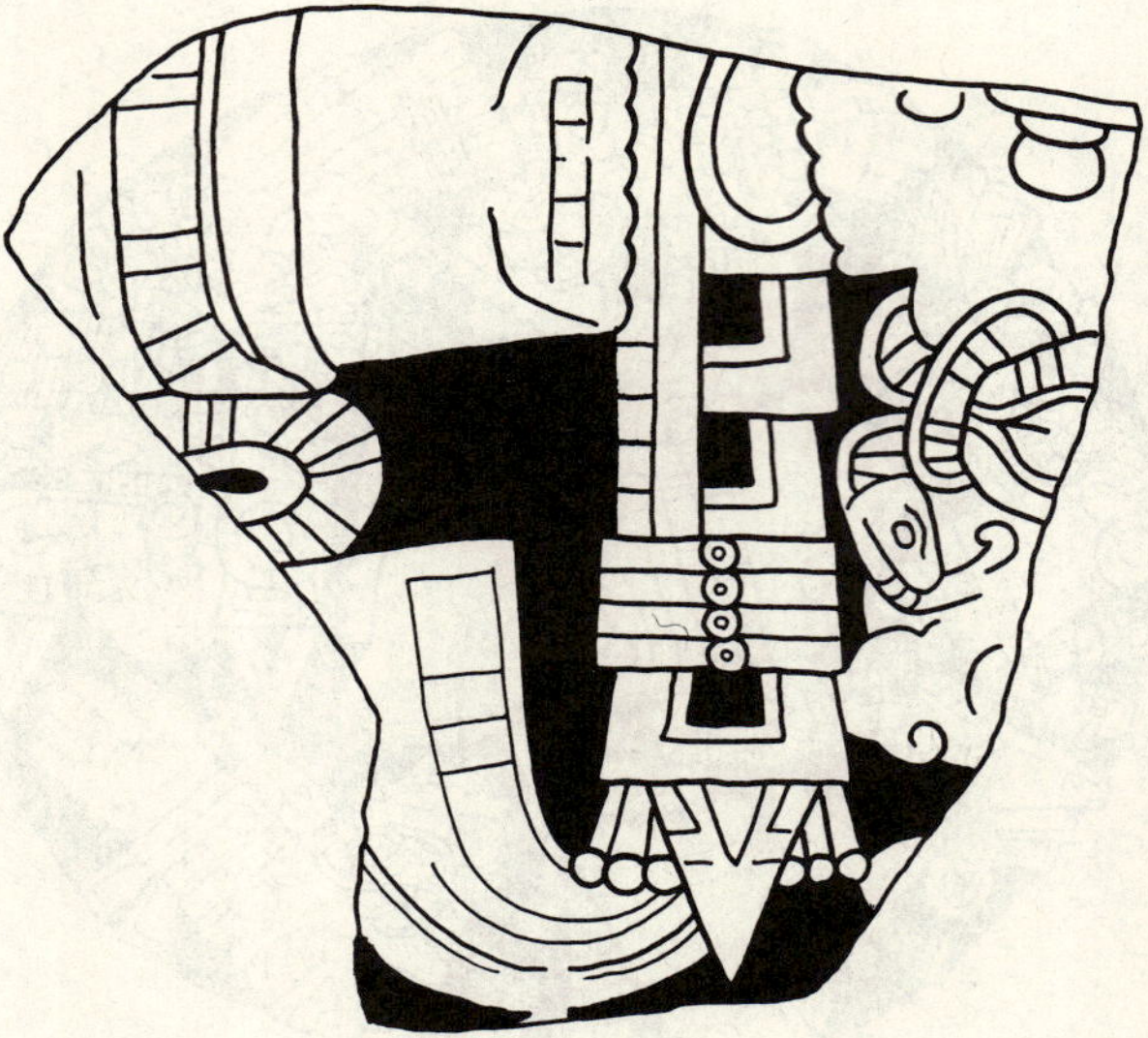

石碑の断片。コヨルシャウキの胸にささった蛇、シウコアトルの一部が描かれている。アステカ、後古典期後期（テンプロ・マヨール博物館蔵）

ある。その後の発掘調査で、コヨルシャウキの石彫が見つかった位置はテンプロ・マヨールのウィツィロポチトリ側、ちょうど階段下の部分であることがわかった。つまり、アステカの儀式のなかで生け贄にされた人間が階段下へ放りだされていたのも、コアテペクでのコヨルシャウキ殺害を再現するためだったということになる。

テンプロ・マヨールの発掘調査では実はもう一つ、コヨルシャウキの石碑が発見されている。残念ながら見つかったのは断片だけだったが、そこにはコヨルシャウキの胸を刺しているシウコアトル、すなわち火の蛇がはっきりと描かれていた。おそらくこれは、心臓を捧げるというアステカの風習の起源を表わしたものなのだろう。コヨルシャウキがシウコアトルで刺されたように、捕虜も供犠用のナイフで心臓を取りだされたのである。

五つの太陽の神話には、幾度もくり返される創造と天変地異による滅亡という、壮大な背景がある一方で、人身供犠が人類を存続させ、宇宙のバランスを保つためには必要不可欠な手段だというメッセージがこめられている。神々はわが身に苦行を課し、自らの血を捧げることで今の人間を創造した。そしてさらには太陽の運行を促すため、テオティワカンで命まで投げだした。こうした神々の行為を、人間も実際に血を流したり、生け贄を捧げたりすることで再現していたのである。五つの太陽の神話だけでも、後古典期に行なわれていた一部の儀式の説明にはなるが、アステカ人にしてみればそれでは不十分だった。というのも、彼らとしては自分たちの起源と宇宙での役割についての説明だけでなく、自分たちこそ選ばれた民であることを確認するものが必要だったからだ。それゆえ、アステカ人はウィツィロポチトリという守護神にまつわる独自の神話を編み出し、誕生のくだりでは戦いを中心的モチーフに据えた。コヨルシャウキとセンツォン・ウィツナワに対するウィツィロポチトリの圧倒的な勝利も、周辺諸国に対するアステカ軍の勝利を述べているのであって、このことゆえに、テンプロ・マヨールであれほど大々的に行なわれていた心臓の供犠も、すべて正当化されたのである。

テオティワカンでの五つの太陽のエピソードと同じように、コヨルシャウキとその兄弟たちの殺害は、太陽と人身御供の起源を表わすものだった。ただ、アステカ神話に登場するのは太陽神トナティウではなく、太陽と関連のある神としてのウィツィロポチトリである。五番目の太陽とウィツィロポチトリのエピソードは重複しているから、おそらくこの二つは対応する神話なのだろう。当時、あれほどの勢いで版図を拡大していたアステカ人である。かりにスペイン人による征服がなかったとしたら、テオティワカンでの太陽の神話も、あるいはウィツィロポチトリ神話にとって代わられていたのかもしれない。

マヤの神話

スペイン人が到着したころ、マヤは政治的にも文化的にも、統合された一つの民族だったわけではない。一六世紀にはマヤの言語はざっと三〇はあったといわれ、その大半が今日も使われている。しかもこれらの言語は、今でいえばスペイン語とポルトガル語くらいの違いがあり、極端な場合は英語とフランス語ほどの差異があったという。言語以外の面でも、ユカタン＝マヤ語を話すマヤ低地北部の人々と、チアパス州からグアテマラ南部、さらに隣接するホンジュラスにまたがる山岳地帯に住むツォツイル人、トホラバル人、マム人、キチェ人、ケクチ人、チョルティ人をはじめとするマヤ高地の人々とでは、文化的な違いがあったのである。

一六世紀には暦法や宗教にも、ユカタンのマヤ低地と南部の高地とでは顕然とした差があった。たとえば、ユカタン半島では古典期マヤの長期暦を簡略化した暦法が、儀式や神話、歴史などにおいて重要な意味をもっていたのに対し、後古典期のマヤ高地ではこうした暦法はすでに使われなくなっていた。木や色彩など方角に結びつくものに関する概念にしても、ユカタンでは後古典期、さらには植民地時代になってもひろく浸透していたが、マヤ高地でそうした傾向はほとんどみられなかった。また、一六世紀にはキチェ人などマヤ高地の神々の記録が残されているが、後古典期から植民地時代初期にかけてのユカタンの文字や美術品から、同じ神を見つけだすのは容易ではない。

後古典期のマヤは、習慣や言語を異にしていただけでなく、政治的にも分裂していた。スペイン人が到着したとき、マヤにはアステカのような一大王国はなく、幾多の都市国家が抗争をくり返しているような状態だった。キチェとカクチケルを例にとれば、隣国同士で言語も似通っていたにもかかわらず、互いに激しく敵対していたために、一五二四年にペドロ・デ・アルバラードがグアテマラ高地の征服を開始するや、カクチケルはスペイン軍と同盟し、キチェ人と戦った。共通した文化をもっていたユカタン地方でさえ、スペイン人が到着したころはいくつもの都市国家や地方勢力に分裂しており、彼らがヨーロッパ人の支配に対して結束して抵抗するようになったのは、多くの集団がスペインの植民地支配を受けるようになってかなり経ってからのことだった。

地域によってこれほどの多様性が認められる一方、後古典期マヤの集団間には共通の宗教的特色も少なくなかった。そうした共通の特色には、マヤの国々と政治的、経済的に深い結びつきのあった、メキシコ中央部から後になって移入されたのではないかとみられる部分もある。その一例がメキシコ中央部の神、ケツァルコアトルで、この「羽毛の蛇」と同じ神はユカタンでは〝ククルカン〟、マヤ高地のキチェとカクチケルでは〝グクマッツ〟と呼ばれていた。実際、後古典期のマヤ神話や伝説ではかなり重要な神とされているにもかかわらず、この神が古典期以前のマヤ文字や美術に描かれていることはほとんどない。もう一つ、マヤが後古典期に影響を受けたと考えられるのが、ユカタン゠マヤ語で〝スイワ〟、カクチケル語とキチェ語で〝トゥラン・スィワ〟と呼ばれる西の伝説の地である。〝トゥラン・スィワ〟とは、明らかに現在のイダルゴ州の後古典期前期のトゥーラ遺跡、すなわちトルテカのトリャンのことである。

マヤ低地とマヤ高地の集団間にみられる風習の一部は、たしかに比較的新しい、つまり後古典期になって移入されたものであるが、二つの地域に共通した宗教的な特色などは、その大部分がマヤ文化のより深い部分に由来するもので、これらは古典期以前のマヤ低地の文字や美術にも表わされている。たとえば人身供犠一つとっても、もともとは後古典期のメキシコ中央部で生まれた風習と考えられてきたが、今では古典期マヤでもあまねく行なわれていたことがわかっている。後古典期のマヤで頻繁に行なわれていた、舌や性器など体の一部に穴をあけて血液を流すという自己犠牲の儀式も、現在では古典期マヤのテキストや石碑に現われる、最も一般的なテーマの一つと認識されている。儀式ばかりでなく、後古典期マヤの神話や神々のほとんどが古典期以前からすでに存在していた。後古典期のユカタンの絵文書に登場するマヤの主神たちも、その大半である一五の神格が、すでに古典期から信仰の対象となっていたのである。

古代マヤで最も重要な神格といえば、造物主である痩せた老神、イツァムナである。メキシコ中央部のトナカテクトリにも似たこの神は、古典期、後古典期を通じ、多くの美術品に表わされている。その妻と思われるのは、イシュ・チェルというお産と医術の老婆神である。メキシコ中央部のトラロクに相当する雨と稲

樹の前に座る老いた創造神、イツァムナ。樹幹はワニで表わされている。古典期後期マヤの壺より。

妻の神チャフクは、メソアメリカで最もながく崇められてきた神の一つである。この神を描いた最古の美術品が原古典期のものというから、西暦でいえば紀元一世紀頃ということになるが、チャフクは今でもマヤの人々の神話や祈禱のなかで引き合いに出されるという。古代のチャフクは、稲妻の象徴である蛇や斧をふりまわす姿で描かれている。

もう一つ、古典期から後古典期にかけてのマヤの主要な神格に、トウモロコシの神がある。意外なことに、この神が後古典期になんと呼ばれていたか

網で魚をとるチャフク。イサパ１号石碑より。原古典期マヤ。

は今もって不明なのだが、古典期の一つの重要な形態が、〝フン・ナル〟と呼ばれていたらしいことはわかっている。古代マヤの死神は、その姿も表象も、メキシコ中央部のミクトランテクトリと酷似している。この骸骨の姿をした神格は、現代および後古典期のマヤでは〝キシン〟、すなわち「うぬぼれた者」と呼ばれていたが、この神はまた〝ユム・キミー〟、すなわち「死の主」としても知られていた。古代の太陽神は〝キニッチ・アハウ〟すなわち「太陽の顔をした主」といい、ジャガーと深く結びついていると考えられた強力な神である。夜の間にジャガーに変身し、地下界を旅したというのは、この神ではないかと思われる。

植民地時代初期に書かれた『ポポル・ヴフ』は、おそらくマヤの宗教が古典期から一六世紀へと受け継がれてきたことを示す最たる例だろう。最近の研究で、このキチェ人の『ポポル・ヴフ』の創世神話、とくに双子の英雄とその父親にまつわる部分が、古典期マヤにも存在したことが指摘されたのである。しかも、その一部についてはさらに前の、原古典期のイサパ遺跡にまでさかのぼることができるという。したがって、古典期および原古典期に描かれた『ポポル・ヴフ』に関連する場面は、典拠のはっきりしている神話としては、今のところ新大陸最古のものということになる。

『ポポル・ヴフ』——原初の起源

『ポポル・ヴフ』の第一部は、原始の海と空から大地や生き物がつくられるさまを感動的に描いたものである。アステカの五つの太陽の物語と同様、世界は創造と破壊をくり返し、それぞれの時代は特定の種族と結びついていた。しかし、人類の創造と滅亡が幾度もくり返されるのには、明確な理由があった。『ポポル・ヴフ』によれば、人間がつくられたのは祈りや供犠という形で、神々に栄養を与えさせるためだという。もっとも、『ポポル・ヴフ』ではこの栄養の概念をまったく文字通りに扱っており、ある創造の場面でも、物差しで四角いトウモロコシ畑がつくられていく様子ともとれる描写がなされている。

四面をつくり、四隅をつくり、
それらを計って、四つに仕切る
ひもを折り、ひもを伸ばして
天と地の、
四面と、四隅を。

この宇宙の畑でとれたトウモロコシの人間こそ、最終的に神々に栄養を与えることになるのである。

ところで古典期マヤの文字や美術には、この『ポポル・ヴフ』の第一部をモチーフにしたものがほとんどない。おそらくこれは、第一部の内容が全般にわたって抽象的で、神話のエピソードとしては描写しにくかったせいもあるのだろう。世界が四角いトウモロコシ畑だという思想は、植民地時代のユカタンにもみられた。『ポポル・ヴフ』の冒頭に描かれているような、たび重なる世界の滅亡や天と地の二元論的対立は、おそらくメソアメリカ宗教の最も基本的で古い概念なのだろう。

『ポポル・ヴフ』天地創造の叙事詩では、大地創造の前に、果てしなく広がる静かな海と空について語られる。

まだ人間も、獣も、鳥も、魚も、蟹もおらず、木も、石も、洞窟も、谷間も、野も、森もなかった。あるのはただ空ばかりであった。地の表もぼんやりとしていた。果てしない空の下に海が広がっているだけであった。集うものもなく、動くものは何ひとつなかった。空の下では、何もかもひっそり静まりかえっていた。

海のなかには緑と青に輝く羽毛の蛇、グクマッツがいた。一方、空には〈天の心〉がいたが、この神はまたの名をフラカンといい、三体の稲妻となって現われた。やがて静寂をやぶり、たがいに言葉を交わしはじめた〈天の心〉とグクマッツは、夜明けとともに人間と食糧をつくらなければならないと話し合った。そこ

稲妻の神〈K神〉、あるいはフラカン神の分身かと思われるカウィル。古典期後期マヤの壺より。

で彼らが一声叫ぶと、水の中から山と大地が現われ、大地はたちまちのうちに、一面スギやマツに覆われたのだった。

こうして出来あがった大地に生き物を住まわせるために、創造神たちはあらゆる森の動物、すなわち鳥、鹿、ジャガー、蛇をつくった。そして彼らに住みかを与えてやってから、祈りを捧げて自分たちを崇めるように言いつけた。しかし、動物たちは口をきくことができなかった。

彼らはわめいたり、吠えたり、哮《たけ》ったりするばかりであった。どれもてんでんばらばらに泣き叫び、何を言っているのかわからなかった。

動物たちはまともに話すこともできなければ、神々を崇めもしなかったので、創造神は彼らに大地を支配させるわけにはいかないと考えた。そこで彼らを野にとどまらせ、次の人間の食糧とすることにしたのである。その人間たちこそ、神々を崇めて活力を与えてくれるにちがいなかった。

創造神たちは、今度は泥土から人をつくろうとした。ところが、それは言葉を話しはしたがまるで意味をなさず、体のつくりも脆かったから、しばらくするとぼろぼろに崩れてしまった。これでは子孫を残すことはおろか、生きていくことさえままならない。そう判断した神々は再度、別な方法で人間をつくることにした。

こうして二度までも人間の創造に失敗した〈天の心〉とグクマッツは、年老いた予言者夫婦、シュピヤコックとシュムカネを訪ねる。彼らは聖なる暦で日を数えながらトウモロコシの粒と赤い種を使ってくじを引き、人間は木からつくられるべしと予言した。そしてこれを聞いた造物主が「では、そのように」と告げると、たちまち地上には木の人間が暮らすようになった。男は木でできていたが、女はイグサでできていた。彼らは本物の人間のように、物を見ることもできれば、話をしたり子を産んだりすることもできた。けれども感情というものをもたず、冷血で無表情な生き物であった。魂をもたず、思慮も備わっていなかったから、創造主を畏れることも、崇めることもなかった。そんな人間は辱めて滅ぼしてしまわなければならない。そう判断した神々は、ついに大洪水を呼び起こす。とつぜん、おびただしい樹脂の雨が降ってきたかと思うと、鬼神が現われて木の人間から目玉をえぐりだし、その体を八つ裂きにしてしまった。そして彼らの日ごろ使っていた道具や動物までが、彼らに襲いかかってきた。

小さな獣も大きな獣も、家のなかへ入ってきた。

木や石でできたものも、いっせいに彼らの顔をなぐりはじめた。

水がめも、トルティーリヤを焼く鍋も、皿も、鍋も、犬も、挽き臼も、みな口々に何かを叫びながら、よってたかって彼らの顔を打ちのめすのであった。

木の人間は必死に逃げまどうが、どちらへ逃げても行く手を阻まれ、ついに殺されてしまう。この木の人間の子孫が森に住む猿で、大昔に神々の犯した失敗のしるし（そしておそらくは戒め）なのである。

こうして洪水で木の人間が滅ぼされてしまった今、地上には再び人間がいなくなった。神々に祈りと供物を捧げ、栄養を与えてくれる生物は相変わらずいないのだった。しかし本物の人間がつくられるのは、この後、双子の英雄が魔神たちを倒し、人間の肉となる物質を手に入れてからなのである。

双子の英雄とシバルバ攻略

『ポポル・ヴフ』で次に重要となるのは、二組の双子の活躍を描いた部分である。父の代、すなわち予言者シュピヤコックとシュムカネから生まれた双子は、その名をそれぞれ暦にちなんでフン・フンアフプ（「一のフンアフプ」の意）、ヴクブ・フンアフプ（「七のフンアフプ」の意）といった。フン・フンアフプにはフン・バッツとフン・チョウエンという息子がいたが、二人とも父と叔父からよく仕込まれていたので、美術や芸事に長じていた。一方、フン・フンアフプによって身ごもった女、シュキックから生まれるのがもう一組の双子、シュバランケとフンアフプで、怪鳥ヴクブ・カキシュを倒して英雄となる。だが彼らにとっての最大の勝利は、恐るべき地下界、シバルバで死神や魔神を退治したことであろう。

さて、無類のゲーム好きだったフン・フンアフプとヴクブ・フンアフプは、息子たちを相手にさいころ遊びをしたり、石造りの球技場でボール遊びをすることを何よりの楽しみにしていた。ところがこの球技場は、地上にあるとはいえ、実は冥界シバルバへ通じる道でもあった。頭上からひっきりなしに聞こえてくる騒音に耐えかねたシバルバの主、フン・カメとヴクブ・カメ（それぞれ「一の死」、「七の死」の意）は、シバルバ中から死神や疫病神を呼びあつめ、双子の息の根をとめてやろうと話し合った。そこでフクロウ四羽を使いに立て、シバルバで球技をしようとフン・フンアフプとヴクブ・フンアフプを誘った。これを聞いた母のシュムカネは引きとめようとするが、二人は聞き入れず、とうとうフクロウについて地下界へと降りて行った。

シバルバへの道はながく険しく、早瀬やいばらや血の川など、さまざまな障害が二人を待ち受けていた。それを次々と乗り越えていくと、やがて彼らは四色の道が交差している十字路に出た。彼らは黒い道を選ぶが、実はこれが破滅への第一歩となるのである。彼らはシバルバに到着し、地下界の主と対面した。けれどもこれは本物の死神などではなく、死神のように見せかけた人形であった。勝勢を固めたシバルバの死神たちは高笑いした。彼らはフン・フンアフプとヴクブ・フンアフプを腰掛けに誘いだし、その上へ座るように仕向けた。だがこれもただの腰掛けではなく、実は焼け石だったのである。

そうして二人は火傷をした。腰掛けのまわりを飛んだり跳ねたりしたが、痛みはいっこうにおさまらなかった。彼らは尻を火傷したので、腰をおろすと同時に飛びあがったような次第であった。これを見て、死神どもはまた腹をかかえて笑いころげた。

シバルバの主たちは、最後の試みとして二人に煙草とたいまつを渡し、〝闇の館〟で一晩を過ごす間、けっして火を絶やしてはならないし、かといって元の大きさより小さくなってもいけないという、無理難題を吹きかける。夜が明けると、果たして二人は死神の言いつけに背いていた。煙草もたいまつも、すっかり燃え尽きていたのである。

シバルバの主に陥れられた二人は生け贄にされ、地下界の球技場に埋められてしまう。その際、死神たちは勝利のしるしとしてフン・フンアフプの首を切り、木につるした。すると、それまで一度も実のならなかったその木に、たちまちヒョウタンがたわわに実り、フン・フンアフプの首は丸い実にまぎれて、すっかり見えなくなってしまった。この不思議な木の話を聞いて、シュキックという一人の若い娘が木を見にやってきた。娘がどの実をとろうかとつぶやくと、フン・フンアフプの首がそれを聞きつけて、この実はどれも髑髏でできているのだと教えてやった。それでも実がほしいと言う娘の手に、フン・フンアフプは唾を吐きかけ、それによって娘を身ごもらせると、自身について次のように語った。

おれの唾、おれの唾液は、おれがおまえを身ごもらせたしるしだ。おれの頭はいまや骨ばかりで、肉はすこしも残っていない。だがそれは偉大な王とて同じこと、肉がついていればこそ立派に見えるのだ。その王も死ねば骨だけになり、みな恐れおののくではないか。だから王の子であろうと、職人の子であろうと、雄弁家の子であろうと、先祖の唾や唾液のようなもの。父というものはけっして消えてなくなることはない。その資質はずっと受け継がれてゆくのだ。

やがて娘の妊娠を知った父親は、赤ん坊は誰の子なのかと詰問した。シュキックはこれを強く否定し、自分はまだ男の人を知らないのだと主張するが、父はいっこうに信じようとせず、とうとう娘を殺す決意までする。シュキックは生け贄にされることになり、フクロウの使者たちに連れ去られるが、途中でなんとか彼らを説き伏せる。そしてフクロウは娘の心臓のかわりに木の血液、すなわち樹脂の塊をもってシバルバへ戻ったのだった。シバルバの死神たちはさっそくそれを薫き、すっかりその香りの虜になってしまったので、今ごろ当のシュキックがフクロウといっしょに地上へむかっているとは、夢にも思わなかった。こうしてシ

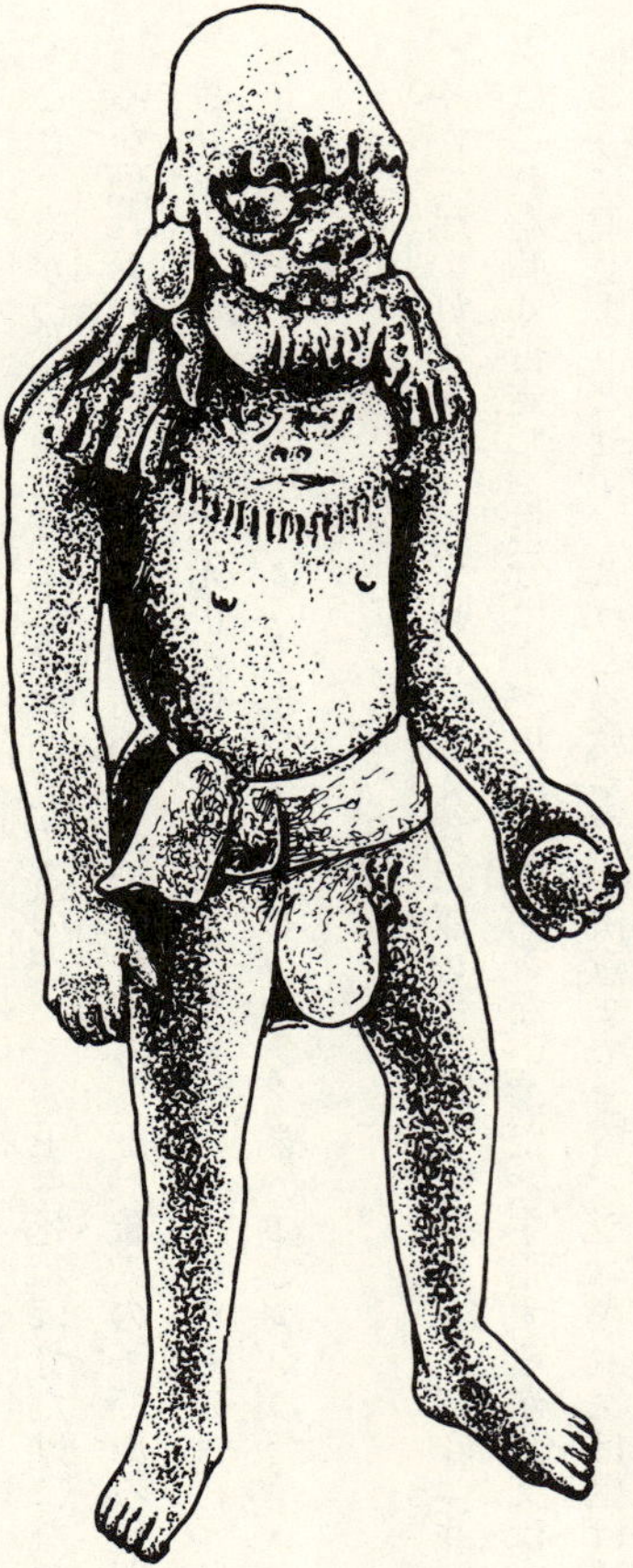

死神の球技手。ハイナの土偶。古典期後期マヤ。

バルバの主たちは娘に騙され、打ち負かされたのである。

一方、シュキックは殺された双子の母親、シュムカネを訪ね、自分はフン・フンアフプの妻であり、シュムカネの嫁であると名のった。けれどもシュムカネは、息子たちはすでにこの世にはいないと固く信じていたので、しばらくは取り合わなかった。それでも、一つシュキックを試してみようという気になり、フン・バッツとフン・チョウエンの畑から、トウモロコシを網いっぱい取ってくるよう言いつけた。だが実をいうと、その畑にはトウモロコシの木は一本しか生えていないのだった。ところが、シュキックはトウモロコシを山ほど入れて戻ってきた。そしてこのことが、フン・フンアフプの妻であることの証となったのである。

やがてシュキックは双子の英雄、フンアフプとシュバランケを産んだ。しかし、二人ともフン・フンアフプの息子でありながら、祖母のシュムカネには可愛いがられず、腹違いの兄フン・バッツとフン・チョウエンからはやっかまれる羽目となる。この兄たちが踊りや音楽や絵に打ち興じている間、フンアフプとシュバランケは森へ行き、吹き矢で狩をして過ごした。だが、せっかく仕留めた獲物も横暴な兄たちに奪われ、彼らに与えられるものといえば、食べ残しの骨やすじ肉くらいであった。ある日のこと、二人は手ぶらで戻ってくると、射落とした鳥が木にひっかかってしまったと兄たちに告げた。そこでフン・バッツとフン・チョウエンが木に登って獲物をとってくることになったが、二人が登っていくうちに木はみるみる伸びていき、しまいには途方もない高さになった。兄たちが慌てふためいて助けを求めると、シュバランケとフンアフプはこう言うのだった。「腰巻きをいったんほどいてから、長いほうを尻からぶら下げるようにして結わえるのです。そうすれば動きやすくなりますよ」。そこでフン・バッツとフン・チョウエンが言われたとおりにすると、二人ともたちまち森の猿になってしまった。シュバランケとフンアフプに騙されたのである。しかし二人はこれっきり忘れ去られてしまったわけではなく、絵師や音楽家、そして舞踏家の守護神となったのだった。

ところで大洪水によって木の人間が滅ぼされた後、地上ではたくさんの怪物がのさばるようになっていた。その一つ、「七のオウム」を意味するヴクブ・カキシュは非常に自惚れの強い鳥で、自分こそが万物の主であり、太陽であり月であると触れまわっていた。フンアフプとシュバランケはその厚かましさにすっかり腹をたて、ヴクブ・カキシュを殺してしまおうと話し合った。ヴクブ・カキシュはある木の実を好物にしていたので、二人は吹き矢を持ってその木の陰に隠れ、怪物がやってくるのを待った。と、そこへヴクブ・カキシュが姿を現わしたので、フンアフプはすかさずその顔へ矢を放った。傷ついた怪鳥は怒り狂い、フンアフプの片腕をもぎとって、この戦利品とともに飛び去ってしまった。そこで二人はある老夫婦を医者に仕立て、眼と歯を患っているヴクブ・カキシュのもとへ送り込んだ。老夫婦はヴクブ・カキシュに会うと、その歯も眼もすっかり取りだして、代わりのものを詰めておかなければならないと告げた。そして怪鳥の歯を抜いたあと、代わりにトウモロコシの粒を詰めておいたのだった。歯と眼をとられると、ヴクブ・カキシュはかつての栄光も権力も失い、あっけなく死に至る。フンアフプの腕も、老夫婦がうまく継ぎ合わせてくれたのですっかり元通りになった。

やがてこの双子もかつての父と叔父のように、球技場で遊ぶことを覚えた。シ

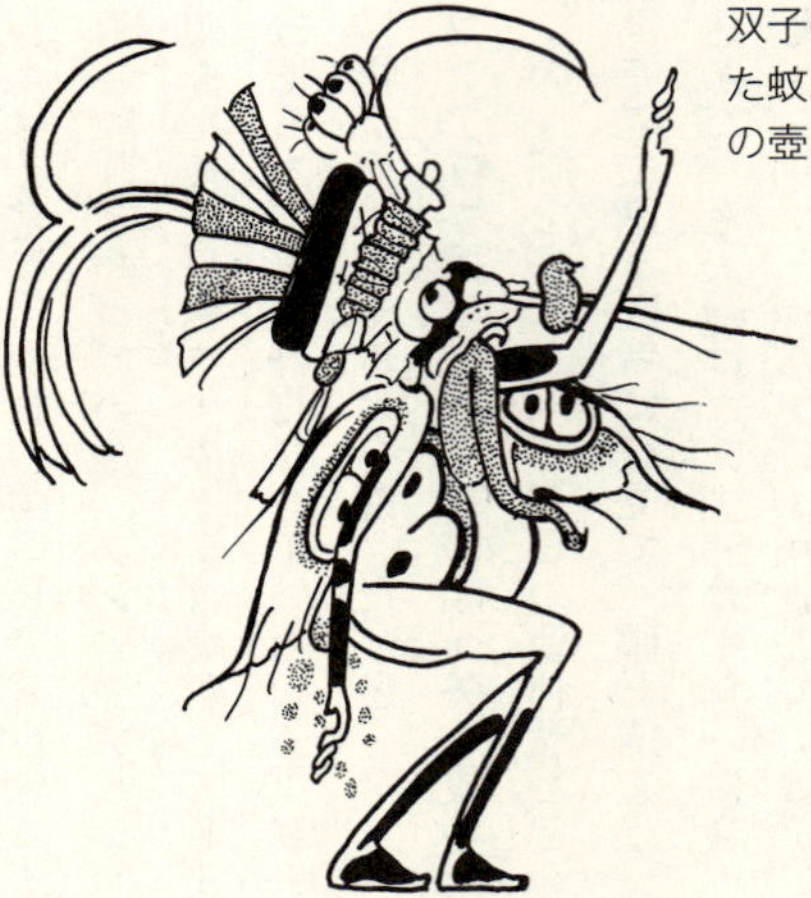

双子の英雄の家来となった蚊。古典期後期のマヤの壺より。

バルバの主たちはまたしても頭上の地響きに腹をたて、双子を連れてこさせるためにフクロウの使者を差し向ける。そうしてシバルバへ向かうことになったフンアフプとシュバランケは、途中、膿や血の川など数々の障害を乗り越え、とうとう十字路のところまで来た。そこでフンアフプは、自分の脛からぬきとった毛で蚊を一匹こしらえ、地下界の偵察に行って主たちを刺してくるように命じた。蚊は最初、木でできた替え玉のほうを刺してしまうが、やがて本物の主たちを探し出す。彼らは刺されるたびにお互いの名を呼びあうので、双子は地下界の主たちの名を片っ端から覚えてしまった。

シュバランケとフンアフプは、地下界の主たちが住む宮殿の入口までたどり着くと、木の替え玉と焼け石の前は素通りして、まっすぐ死神たちの集まっているところへ行った。そして一人一人の名を呼びかけながら、死神どもに挨拶してみせた。度肝を抜かれたシバルバの主たちは、二人を〝闇の館〟へ連れて行き、煙草とたいまつを渡した。そこで二人はあたかも燃えているように見せかけるために、たいまつにはオウムの赤い羽を、煙草には蛍をのせておいた。もちろん、夜が明けてもたいまつと煙草は元のままである。つぎに二人は死神たちと球技の試合をした。が、そこではわざと負けておいたのだった。そしてその夜、双子はまた立て続けに試みに遭うが、〝剣の館〟も、〝冷気の館〟も、〝ジャガーの館〟も、〝炎の館〟も、みな無事に通り抜けていった。彼らは最後に、〝コウモリの館〟へ連れて行かれたが、そこでは鼻先に刃をつけた、おびただしいコウモリが飛び交っていた。そこで、二人は吹き矢筒のなかへ潜り込んで身を守った。が、夜が明

殺人コウモリのカマソッツ。グアテマラで出土した古典期後期チャマ様式の壺より。

けたか確かめようと、フンアフプがひょいと首を出したところ、人食いコウモリのカマソッツがすばやくその首をはねてしまったのだった。フンアフプの首は球技場へ持って行かれ、死神や鬼神たちは、これで勝負はついたとばかり、小躍りして喜んだ。

けれども夜明けが近づいたころ、ひとり残されたシュバランケは動物たちを呼び集め、彼らの食料をいろいろと持ち寄らせていた。ある者は腐ったものを、ある者は木の葉や草を差しだした。そのうち、ハナグマ（アライグマに似た動物）が大きなカボチャを持ってきたので、シュバランケはこれをフンアフプの胴体の上に据えつけてみた。するとどうだろう、カボチャはたちまちフンアフプの顔になったばかりか、目も見え、口を利くことさえできるようになった。そして夜が明けると、双子は何食わぬ顔でシバルバの球技場に戻ってきたのである。

さて、死神たちは本物のフンアフプの首をボールにして球技をはじめた。それをシュバランケがわざと場外まで跳ぶよう力いっぱい打ったので、フンアフプの首は森の奥まで転がっていった。そこへ、あらかじめ森のなかで待ち伏せしていたウサギが飛び出していき、ボールになりすましてしばらく死神たちの注意を引きつけておいた。その隙に、シュバランケは首尾よくフンアフプの首をつけ替えたのだった。そして死神たちが戻ってくると、双子はカボチャにすり替えたボールをコートに投げ入れた。

シュバランケはカボチャをほうった。けれども、それはとうから傷んでいたので、シバルバの者どもの見ている前で落ちて割れ、中から白い種が飛びだしたのであった。

こうして、死神たちは地下界の供犠の場で一泡《ひとあわ》吹かされ、大敗を喫したのだった。しかし、いったん勝負がついたとはいえ、シュバランケもフンアフプも、自分たちの死なないかぎり、死神たちはけっして諦めないことがわかっていた。実際、シバルバの主たちはかまどのような穴をこしらえ、二人に飛び越えるよう催促するのだった。けれども、はじめから自分たちを殺すのが目的だとわかっていた二人は、いさぎよく穴のなかへ飛び込んだ。こうして二人が焼け死ぬと、シバルバの死神たちはその骨を粉々に挽いて川へ流した。が、骨は流されずに川底へ沈んでいき、五日もすると二人は人魚となって蘇った。あくる日、双子は貧しい旅芸人になりすましてシバルバへ戻ってきた。彼らがすばらしい踊りをするというので、シバルバの主たちは宮殿で芸を見せるように言いつけた。二人が一通り踊りを披露し終わると、死神どもは犬を生け贄にしてから生き返らせてみろと言った。そこで双子は言われたとおりにしてから、今度は男を一人、生け贄にしてすぐに生き返らせてみせた。それからシュバランケはフンアフプの首をはね、心臓を取りだした。が、これもすぐに生き返らせたのだった。これを見てすっかり興奮した死神の長、フン・カメとヴクブ・カメは、それなら今度は自分たちを殺してみてくれと言った。そこで二人は死神の長の一人を殺したが、今度は生き返らせなかった。

彼らが一人を殺したきり、いっこうに生き返らせないのを見ると、もう一人の主は踊り手たちにすっかり降参してしまった。なんとしても殺されたくなかったのである。

「どうか私を哀れと思し召して、お助けください」。窮地に立たされた主はこう言った。家来どもはというと、皆いっせいに大きな谷間へ逃げだしたので、深い穴はたちまちいっぱいになってしまった。

こうして双子に一杯食わされた魔界シバルバは、ついに陥落した。シュバランケとフンアフプは降伏した魔界の住人に正体を明かし、一人残らず処刑すると言い渡した。これを聞くと、彼らは必死に命ごいをし、フンアフプの父親と叔父の埋められている場所を白状した。そこで二人は、命だけは助けてやると約束するが、二度と権力をもつことは許さないと告げるのだった。

シバルバの者ども、よく聞くがいい。このことゆえに、おまえたちもおまえたちの子孫も、けっして栄えることはないだろう。そればかりでない、今までは

マヤのトウモロコシ神。ホンジュラス、コパンの22号神殿で見つかった石像。古典期後期（ロンドン、人類博物館蔵）

豪華だった供物も、これからは汚れた樹脂となるのだ。もうおまえたちのために清い血が流されることはない。おまえたちに与えられるのは、土鍋とヒョウタンと、こわれた破片だけだ。

やがて二人は父と叔父の遺骸を見つけ、彼らが永遠に崇められることを請け合った。そしてシュバランケとフンアフプは天に昇り、太陽と月になったという。

トウモロコシと人間の起源

さて、こうして地上の怪物も地下の魔神も姿を消したとはいえ、神々に栄養を与える人間は相変わらずいなかった。そこでグクマッツと〈天の心〉は、まだ夜の明けない闇のなかで、キツネ、コヨーテ、オウム、カラスを呼び集め、パシルとカヤラという、食物の種と果実の豊かに実る山から、黄色いトウモロコシと白いトウモロコシをとってくるように命じた。そして老女シュムカネの挽いたそれらの粉から、四人の男がつくられたのだった。木の人間の時と違い、トウモロコシの人間には知力も思慮も十分に備わっていたから、彼らはけっして造り主への感謝を忘れることがなかった。ところが、この人間にも一つ問題があった。それは、地上から宇宙の隅々まで、何でも見えすぎてしまうことだった。これではあまりに自分たちに似すぎているではないか。そう考えたグクマッツと〈天の心〉は、彼らの視力を衰えさせることにする。鏡に息を吹きかけるように、神々は四人の人間の目にかすみをかけた。これによって、彼らは近くのものしかはっきり見ることができなくなったのである。けれども、彼らには伴侶としてそれぞれ美しい妻があてがわれ、全知全能でなくなったかわりに、幸福が与えられた。この四人の女性の創造とともに、キチェ人の歴史がはじまるのである。

　こうして最初につくられた部族は、暗闇のなかで「七つの洞窟と七つの峡谷」の地、トゥラン・スィワへと旅立つ。トゥランではそれぞれの部族にそれぞれの神が授けられるが、その一つがキチェ人の守護神、トヒルという火の神であった。彼らがトゥランを去るとき、すでに共通の言葉は失われ、別々の言語が話されるようになっていた。そしてまだ夜の明けない暗闇のなかで、どの部族もそれぞれの神とともに、別々の方角にむかって出発していった。キチェ人が向かったのは西である。途中、彼らは夜明けの到来を待って断食を守りつつ、トゥラン・スィワのある東を振り返った。そしてとうとうハカウィツ山にたどり着いたとき、暁の到来を見届けたのだった。明けの明星が輝いたのを合図に、彼らは東にむけて香を薫き、みなで喜びあった。太陽が現われたのはその直後である。

そうして現われた太陽は人の姿に似ていた。その顔は燃えるように熱かったから、たちまちのうちに地の面を乾かしてしまった。実際、太陽がのぼるまで空気はじっとりと重く、大地もぬかるんでいたのである。まだ昇ったばかりの太陽は、姿こそ人に似ていたが、その熱さは耐えがたいほどであった。

この瞬間、キチェの神々はピューマやジャガー、ガラガラ蛇などの強い生き物とともに石の像に変えられた。それゆえに、夜が明けてからというもの、これらは石の姿をしているのである。

古典期マヤの宗教にみる『ポポル・ヴフ』創世神話

『ポポル・ヴフ』が書かれたのは一六世紀であるが、双子の活躍のくだりに登場する人物や出来事は、実はほとんどが七〇〇年以上も前の、古典期の神話にも現われていた。精緻な彩色や浮彫を施した土器は、『ポポル・ヴフ』に結びつく古典期のきわめて貴重な資料となっている。現在知られている古典期の土器は、古典期マヤの中心地だったグアテマラ低地のジャングル、ペテンから出土したものが大半であるが、同じ時期の石碑では歴史上の人物の事績を題材にしている傾向が強いのに比べ、土器に描かれているのは神話の出来事を暗示するものが圧倒的に多い。こうした土器に描かれた神話のエピソードは、大部分が『ポポル・ヴフ』と関連があるとみて差し支えないが、なかには『ポポル・ヴフ』にはまったく出てこないものもある。実は古典期にしか見られないこれらのエピソードが、『ポポル・ヴフ』の基調をなす思想を解明するうえで、重要な手がかりとなる。双子の英雄の父、フン・フンアフプは、古典期にはトウモロコシ神として描かれている。この神は額が平らで細く、生え際からくっきりと浮かび上がっている

カカオの木から顔を出すトウモロコシ神。右上にもカカオの実になりかかった顔が描かれている。古典期後期マヤの壺より（グアテマラ市、ポポル・ヴフ博物館蔵）。

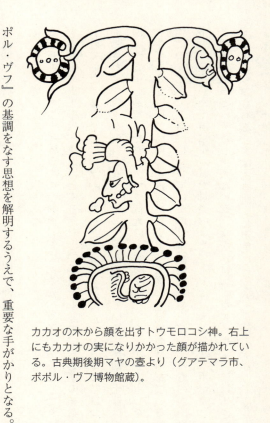

のが特徴である。面長の顔は熟したトウモロコシの穂軸を模したもの、髪を束ねた頭頂部はトウモロコシの毛を表わしている。刈り入れのとき、トウモロコシの穂軸を茎からもぎとるのは、トウモロコシ神の断頭、つまりフン・フンアフプと同じ運命を表わす行為だという。また古典期後期の壺の一つに、カカオの木から顔を出しているトウモロコシ神を描いたものがある。鈴なりになったカカオの実のなかに、カカオの実になりかけの人の顔が紛れているのがおわかりいただけるだろうか。これは明らかに、『ポポル・ヴフ』でフン・フンアフプの首が木につるされた場面を描いたものである。もっとも、『ポポル・ヴフ』の場合はカカオではなく、ヒョウタンであったが。

フン・フンアフプにまつわるエピソードについていえば、古典期のほうが征服後に書かれた『ポポル・ヴフ』よりもはるかに詳しいし、複雑でもある。最も多いのは、フン・フンアフプが淀みのなかに立っているパターンだが、古代マヤでは地下界は水の多い場所と考えられていたことから、おそらくシバルバを表わしたものではないかと思われる。ある重要なエピソードに、水のなかに立っているフン・フンアフプのまわりを、幾人もの若い女が取り囲んで衣装を着せている場面がある。この美女たちがフン・フンアフプの妻なのかどうかはわからないが、どちらかといえば官能的な感じのする場面ではある。女たちはフン・フンアフプの旅支度をしているらしく、実際、別の場面では彼がカヌーに乗せられているところが描かれている。旅とはいっても死出の旅なのだろうが、この場面はまた、最終的には彼が蘇ることに関連しているのではないかと思われる。

古典期のフン・フンアフプは、踊り手や芸術家として描かれていることが多い。しかし、古典期に書家の守護神だったのは、『ポポル・ヴフ』にあるように、フン・フンアフプ自身ではなく、その息子たちのフン・バッツとフン・チョウエンであった。古典期の図像では、彼らは貝のインク壺と筆で絵文書を制作する猿(腹ちがいの弟、フンアフプとシュバランケによって変身させられた)として描かれている。

フンアフプとシュバランケの双子は、古典期マヤの美術にも文字にもよく登場する。二人は支配者の地位と関連のある赤と白の頭帯をした姿で描かれており、

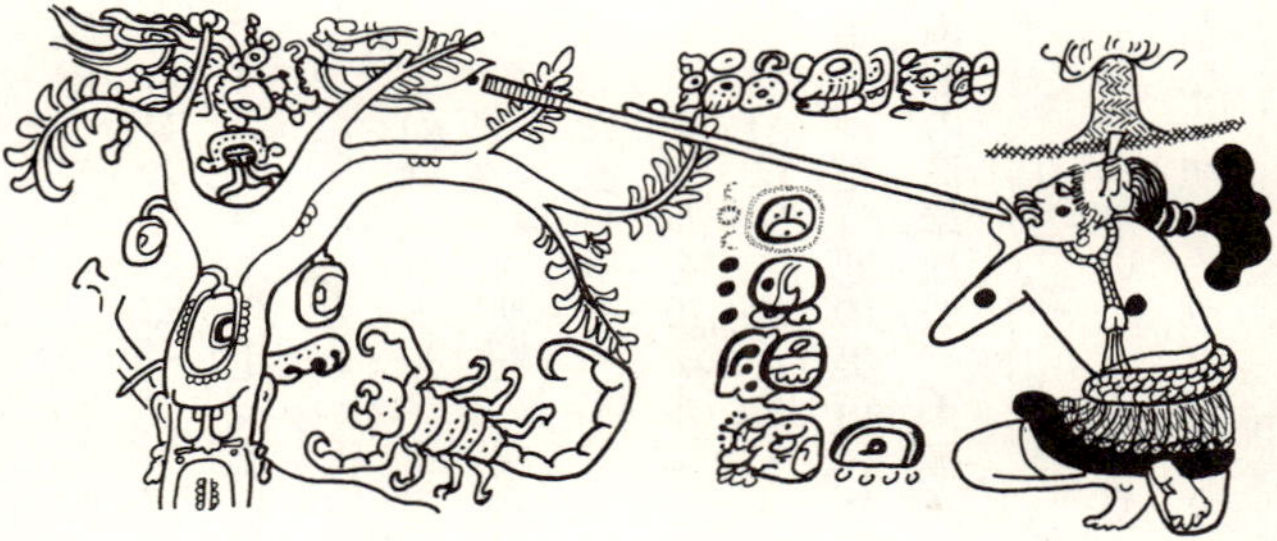

吹き矢で果物の木からヴクブ・カキシュを射落とすフンアフプ。古典期後期マヤの壺より。

双子の英雄によるヴクブ・カキシュの退治。イサパ2号石碑より。原古典期。

実際、フンアフプの顔は「アハウ（マヤの言葉で王の意）」の日を表わす絵文字にもなっている。フンアフプは両頬や体に黒い斑点をつけているが、シュバランケはジャガーの毛皮を口のまわりや胸や手足につけた姿で描かれる。父親や猿になった兄たちといっしょに描かれている場面を別にすれば、二人が最もよく登場するのは『ポポル・ヴフ』でいう、怪鳥ヴクブ・カキシュを吹き矢で倒す場面である。ただ古典期の場合、この鳥はオウムとしてではなく、蛇の顔の翼にぶらぶらした長い嘴をもつ、架空の生き物として描かれている。ひょっとするとトキイロコンドルをモデルにしているのかもしれない。

双子に倒されたこの怪鳥も、実はすでに原古典期、つまりちょうどマヤ文明の始まった時期の美術に頻繁に現われている。グアテマラとの国境に近いメキシコ南部の湾岸地域、チアパスにあるイサパ遺跡は、これほど古い時期に描かれたはずの怪鳥が、『ポポル・ヴフ』のヴクブ・カキシュと明らかに関連があったことを物語っている。おそらく紀元一年頃の制作と思われるイサパの二つの記念碑に、かなり初期のヴクブ・カキシュのエピソードが描かれている。その一つ、イサパの二号石碑《ステラ》では、巨大な鳥が一羽、果実のたわわに実った木に降り立とうとしており、その木にむかって二人の人物が突進しようとしている。双子の英雄を描いたものとしては、今のところこれが最古のものだろう。さらに、木の根もとにも怪鳥の姿が描かれているが、こちらは下顎の肉がそげ、翼もぶざまに体の下に折り曲げられている。双子の兄弟によって木から射落とされたヴクブ・カキシュの敗北が、まざまざと描かれた場面である。一方、イサパの二五号石碑では、片腕

イサパ25号石碑より。腕をもぎとられたフンアフプを描いたものである可能性がある。原古典期。

の男の頭上を怪鳥が飛びまわっているが、男の肩から血が流れていることから、腕は引きちぎられてしまったことがわかる。おそらく、ヴクブ・カキシュがフンアフプの腕を引きちぎって逃げて行く場面なのだろう。

『ポポル・ヴフ』にあるように、双子の英雄は古典期マヤの美術でも球技と結びつけられていた。球技場で実際に使われていたという、コパンの遺跡で見つかった標石に、死神と球技をするフンアフプを表わしたものがある。また、チアパス高地のチンクルティク近くで発見された古典期後期の標石には、死の象徴を身にまとった球技手が尻で球を打っている場面が描かれている。球に浮彫で刻まれているのはフンアフプの首で、死神たちが〝コウモリの館〟ではねたフンアフプの首を、ボールにして遊んだという『ポポル・ヴフ』のエピソードを思い起こさせる。こうした球技の得点板は、双子の兄弟とシバルバの主たちの間で行なわれたという球技を、古典期のマヤ人が実際に球技場で再現していたことを示している。

双子を描いた古典期マヤの土器で、最も一般的かつ重要なモチーフの一つとなっているのが、父であるトウモロコシ神の手助けをするというものである。一定

古典期後期の壺に描かれた大地から現われるトウモロコシ神。甲羅の割れた亀の両側には、稲妻のような武器をふりまわす二柱のチャフクが描かれている。右のチャフクが持っている斧は柄の部分が蛇で表わされている。

の土器では、彼らは裸の若い女たちと水のなかに立ち、装身具や布の包みなどトウモロコシ神の宝器を手にした姿で描かれている。そしてこの布の包みのなかには、父トウモロコシ神そのものであるトウモロコシの粒が入っていることも、一定の場面からわかっている。またこれに関連するエピソードでは、双子は亀の甲羅から出てきたトウモロコシ神とともに描かれている。古代マヤの人々は亀の背を海に浮かぶ陸地に見立てたというから、この場面は大地から蘇生するトウモロコシ神を表わしている可能性が高い。またある土器には、稲妻のような武器で亀の背を攻撃する、雨神チャフクが描かれている。トナカテペトル山（一〇〇ページを参照）でのトウモロコシの起源を描いた、マヤ版のエピソードといったところだろう。今もマヤ地域に伝わる神話によれば、雨の神チャフクは稲妻で岩を割り、トウモロコシを出したという。

双子と雨の神チャフクによるトウモロコシ神の蘇生は、征服後まもなく書かれた『ポポル・ヴフ』には出てこないくだりであるが、この部分こそ、双子の父探しの旅の深意を探るうえで、実は重要な手がかりとなる。彼らには仇討ちだけでなく、父親を地下界から蘇らせ、大地にトウモロコシをもたらすという使命があった。しかし、このエピソードは単にトウモロコシの起源を述べているのではない。キチェの『ポポル・ヴフ』では、シバルバが滅び、フン・フンアフプとヴクブ・フンアフプが一部蘇《よみがえ》った直後、トウモロコシが見つけだされる。そしてこのトウモロコシが今の人類、すなわちトウモロコシの人間の肉となった。つまり古典期においては、トウモロコシ神とその息子たちの長い旅の最終的な目的は、トウモロコシから人間をつくること、すなわち人類を創造することにほかならなかったのである。内容の上でも意味の上でも、ケツァルコアトルが人間の材料となる骨を取り返すために、地下界へ行くエピソードと酷似している。アステカ神話ではその骨が老婆神シワコアトルによって粉にされ、『ポポル・ヴフ』では老女シュムカネがトウモロコシを粉に挽くことで、最終的に人間がつくりだされるのである。

ユカタンのマヤ神話

高地のキチェと違い、ユカタン半島のマヤには一六世紀に書かれた神話の資料がほとんどないのが実状である。強いてあげれば、ディエゴ・デ・ランダの残した記録にユカタンの儀式や暦法に関する詳しい記述があるが、特定の神話については残念ながらほとんど触れられていない。空を支える神々と洪水についての短い記述はあるが（一七六ページ参照）、これが唯一の例外だろう。ドレスデン、マドリード、パリの絵文書として知られる先スペイン期のユカタン文書も、神話のエピソードについては遠まわしに触れているだけである。その一つ、ドレスデン絵文書にはほとんど未解明のままの「蛇＝数字」の章があるが、ここには現在のバクトゥンの世がはじまる前、すなわち西暦三一一四年よりも前の太古の出来事が書かれている。やはり太古のことを表わす古典期の碑文の日付と同様、紀元前三一一四年以前についてのこれらの記述も、おそらくは特定の神々の起源や現世の創造といった、神話上の出来事に関するものなのだろう。注目すべきは、ユカタンの絵文書にもシュバランケとフンアフプと思われる神が、たびたびトウモロコシ神と関連して描かれていることである。したがって、『ポポル・ヴフ』の形で文書を残したのがキチェ人だけだったとはいえ、後古典期のユカタンにも『ポポル・ヴフ』にあたる物語はおそらく存在したのだろう。

古代ユカタンのマヤ神話を知るうえで最も重要な資料となっているのが、『チラム・バラムの書』の名で知られる土着の手稿本である。土着のものとはいっても一八世紀以降の制作だが、神話は循環暦、とくにマヤの長期暦に基づいた循環暦と結びつけて語られている。このため、現代の読者にとっては複雑きわま

蛇＝数字の章の一部。膨大な時の単位を表わす数字とともに蛇が描かれ、その開いた口の上にチャフクとウサギが乗っている。ドレスデン絵文書 61 頁。

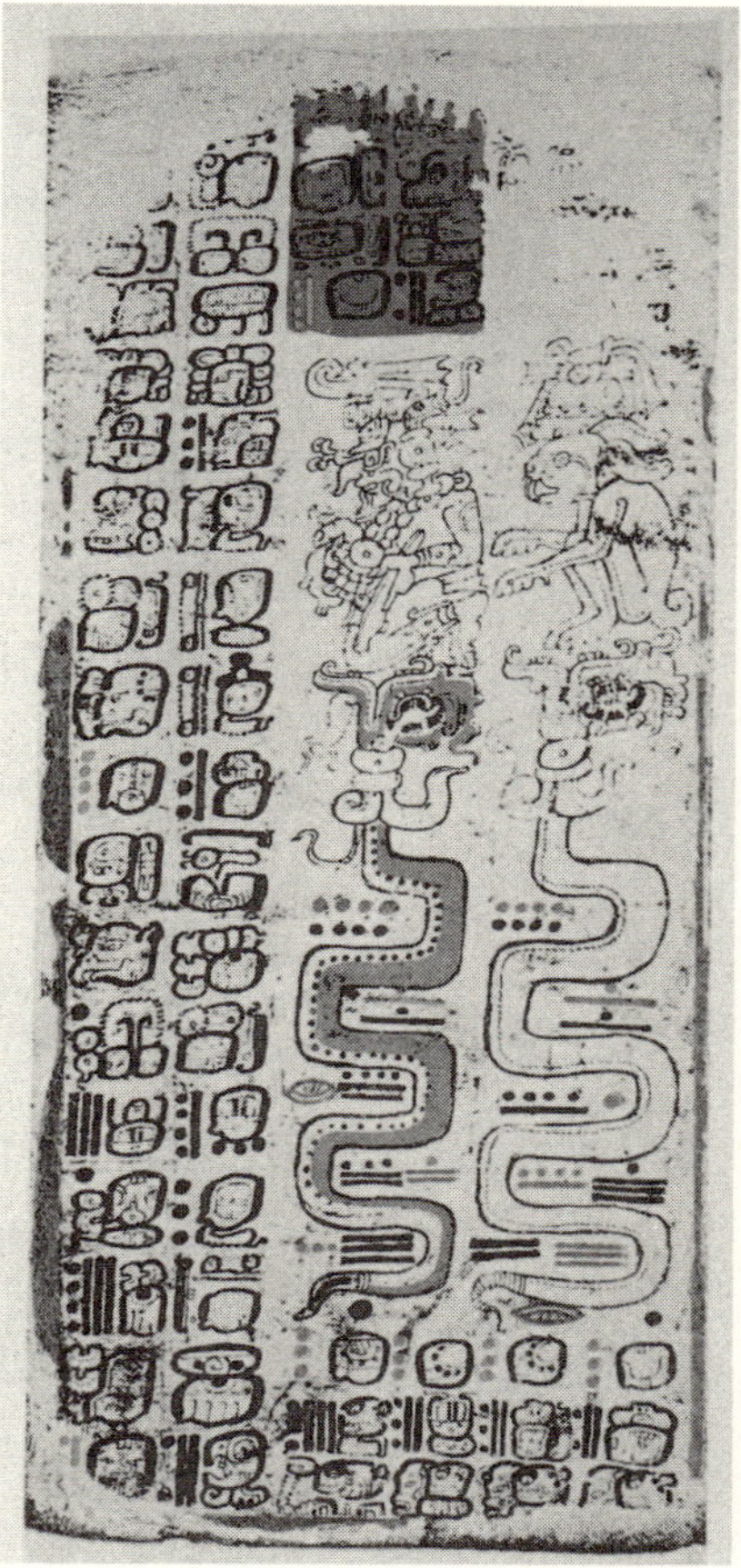

りないものとなっているが、マヤ低地の人々にとっては、こうした方法こそ神聖な物語を語り継ぐ伝統的手法であり、古くからの風習だったのである。現に、ドレスデン絵文書の「蛇＝数字」の章に出てくる神話の出来事や、古典期マヤの碑文にも同じような手法が使われている。チュマイェル、ティシミン、マニの町で発見された三つの『チラム・バラムの書』には、洪水と世界の再生に関する、ほぼ一致した記述がある。そしてこれらの書物の一部には、ランダの記録や先スペイン期のドレスデン絵文書、さらにはアステカの創世神話と共通する部分さえあるのだ。

ユカタンの創世神話と洪水

一六世紀にディエゴ・デ・ランダの記した『ユカタン事物記』は、洪水がバカブという四柱の空を支える神と関連があったことを伝えている。

この国では数多いる神々のなかでも、とりわけバカブと呼ばれる四神を崇めていた。この四神は、神がこの世を創造するとき、天が落ちてこないよう世界の四隅に配した兄弟神といわれ、大洪水によって世界が滅ぼされたとき、逃げだした神々であるともいわれている。

ここで言われているバカブの神というのは、おそらくパワフトゥンとして知られる古代マヤの神の変形であろう。パワフトゥンは、世界を支える老神として古代マヤの美術にもよく現われる四神だが、マヤには四つの山が天を支えているという世界観があったから、パワフトゥンはこれを擬人化したものかもしれない。

征服後に書かれた『チラム・バラムの書』では、洪水の直後に現世の起源が描かれているので、洪水の記述を創造の場面と考えてもよいだろう。ここで登場するのは、アフ・ムセンカブ（蜂の神である可能性がある）に、オシュラフンティクーとボロンティクーである。天は一三層、すなわち〝オシュラフン〟からなり、地下界は九層、すなわち〝ボロン〟からなると考えられていたことから、おそらくオシュラフンティクーは「天」、ボロンティクーは「地下界」に関連するものと思われる。このエピソードでは、アフ・ムセンカブとボロンティクーがオシュラフンティクーを襲い、その宝器を奪うことから洪水が起こる。ランダの記述と同様、チュマイェルおよびマニの書でも、バカブは洪水と関連して描かれている。

オシュラフンティクーの標章が盗まれるとき、大水が出るであろう。やがて四柱の神々、すなわち世界の破滅をもたらしたバカブが立ち上がるとき、天は崩れ、地に落ちてくるであろう。

ユカタンの洪水のエピソードでも『ポポル・ヴフ』のように前世の愚かしい人間が滅ぼされるが、この古代人が何でできていたかについては特に言及されていない。

マニとティシミン文書では、イツァム・カブ・アイン、すなわち「大地の巨大なワニ魚」として知られる、大地と洪水と結びついた巨大なワニが倒されたことも、洪水のくだりで言及されている。いずれの記述でも、ワニはボロンティクーに倒される。

やがて地上では大洪水が起こる。そこへイツァム・カブ・アインが現われる。世の終末であり、カトゥンの区切り、すなわちカトゥンの世を終わらせる洪水

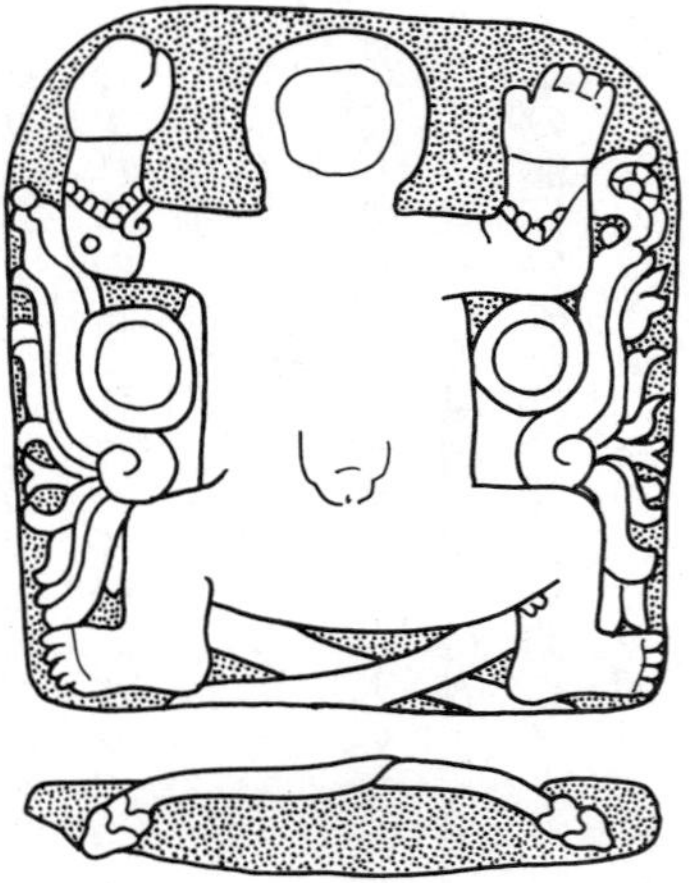

トラルテクトリと絡みあった一対の蛇を表わしたユカタン＝マヤの石彫。マヤパン、後古典期後期。

である。けれども九の神々（ボロンティクー）はこれを喜ばなかった。だから、いずれこの世を背負っているイツァム・カブ・アインは、喉を掻き切られることになるだろう。

このくだりは、アステカ神話において大地の創造のために巨大なワニ、トラルテクトリが殺される場面と驚くほどよく似ている。したがって、マヤの洪水に関するこの部分の記述は、後古典期のメキシコ中央部から移入された可能性がある。ユカタンの後古典期後期のマヤパン遺跡に、アステカのトラルテクトリの変形と思われる彫刻がある。それはトラルテクトリ特有の四つん這いのポーズをとっているが、二匹の蛇がいっしょに描かれている点などは、まさにテスカトリポカとケツァルコアトルがそれぞれ蛇に変身し、トラルテクトリを倒したという、『メキシコの歴史』の一場面を思わせる。

洪水が去ってまもなく、四隅と中央に五本の樹が立てられ、天を持ち上げるようになる。『チラム・バラムの書』の三つの文書では、いずれもこの五本の樹が方角のみならず、色彩や鳥と関連づけられている。次に紹介するのはチュマイェル版の記述である。

世の破壊が終わると、神々は黄色い雄のムクドリモドキをかかげるために、一本の樹を打ち立てた。やがて豊饒の白い樹が立った。世界の破壊のしるしとして、天の柱が立てられた。それがすなわち、北に立った豊饒の白い樹である。それから黒い胸のピツォイ鳥をとまらせるために、豊饒の黒い樹が西に立てられた。黄色い胸のピツォイ鳥をとまらせるために、臆病なムト鳥、黄色い雄のムクドリモドキをとまらせるために、世界の破壊のしるしとして、南に豊饒の黄色い樹が立てられた。そして世界の破壊を記すために、真中に豊饒の緑の樹が立てられた。

マニ版とティシミン版では、最初に立てられた樹は東の赤い樹であると書かれている。またマニ版では、この最初の東の樹〝チャフク・イミシュ・チェ〟が、天を支える役割をし、暁の象徴であるとも書かれている。

ユカタンの創造神話と暦

すでに述べたように、『チラム・バラムの書』の創世神話は大部分、暦と結びつけて語られている。たとえば、三つの書に共通する洪水と世界の創造は、すべてカトゥン一一アハウの時、すなわち一三からなる最初のカトゥンに起こっている（一カトゥンは約二〇年で、再び同じ名のカトゥンが巡ってくるには約二六〇年を要する）。個々のカトゥンはカトゥン最後の日にくる二六〇日暦の日名で区別され、一三あるカトゥンはいずれも必ず「アハウ」の日で終わり、「イミシュ」の日（アステカの場合はワニを意味する「シパクトリ」がこれに相当する）で始まる。洪水の後に立ったという樹々は、それぞれ違った色をしているが、すべて〝イミシュ・チェ〟、すなわち「イミシュの樹」と呼ばれている。おそらく新しいカトゥン最初の日を指しているのだろう。

ドレスデン絵文書74頁。おそらくは洪水を描いたものだろう。

暦の記述のなかに創世神話が描かれているというだけでなく、暦の上の儀式が創造のエピソードを表わしていることも少なくない。ランダの天を支えるバカブや洪水の記述も、三六五日暦の終わりと始まりを祝うユカタンの新年の祭礼に関する長い記述の、いわば序文ともいうべきものだろう。先スペイン期のドレスデン絵文書にも、これときわめてよく似た点がある。それは七四ページ、一般に世界の破壊と洪水を表わしたものと解釈されている場面で、体の一部が爬虫類と化した天空の帯から大水が吹き出し、その下で老女神チャフク・チェル（イシュ・チェル）が壺のなかから水をそそいでおり、さらにその下でチャフクとおぼしき黒い神が武器を振り回しているという図である。このページの文字にはバカブ、チャフク、チャフク・チェルという名が出てくるほか、世界の破壊を指しているのではないかと思われる、「黒い天」や「黒い大地」といった表現もみられる。

実はドレスデン絵文書のもともとの綴じ方では、この七四ページのすぐ後に、ランダの述べている新年の儀式を表わした部分が、四ページくるようになっていた。この四ページに主として描かれている出来事の一つが、最初に赤い樹が東に立ったという世界樹のエピソードである。したがって七四ページは、ランダの洪水の記述と同じように、世界の破壊と世界樹によって表わされる世界の再生を祝う、新年の儀式の序章ということになる。新年の儀式は、毎年のように世界の破壊と再生を再現するために行なわれる祭儀であった。三つの『チラム・バラムの書』の洪水と世界樹に関するいきいきとした記述を読むと、カトゥンをはじめ他の長期暦の儀式もまた、これとよく似た観点から考案されたことがわかる。

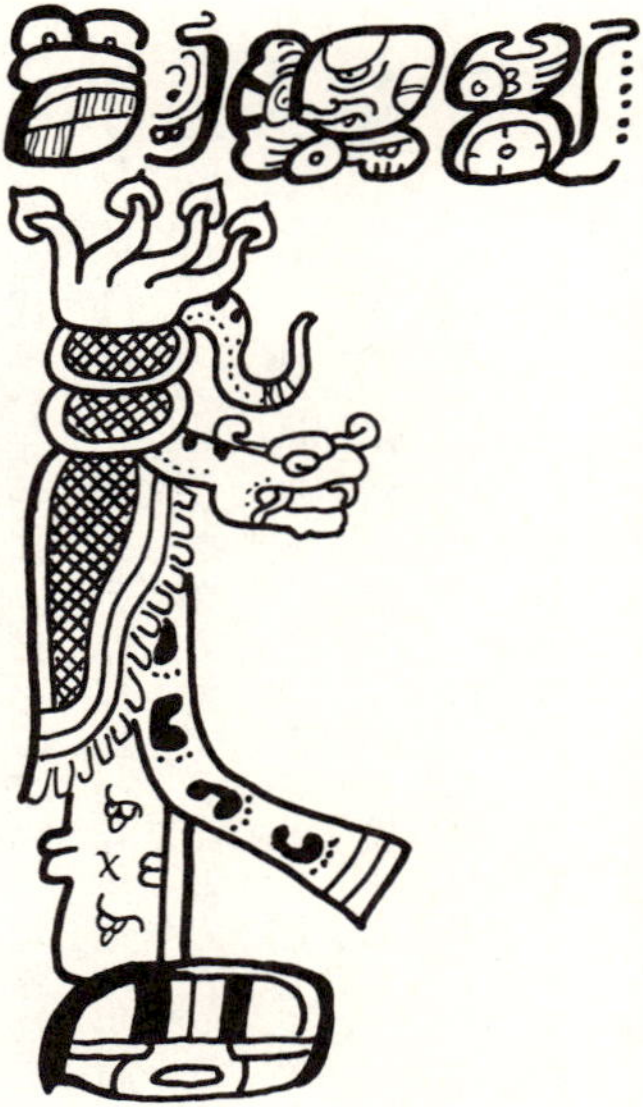

新年に立てられた西の世界樹。ドレスデン絵文書 27 頁。

こうした古代キチェやユカタンの書物に記されている神話は、マヤ固有のものというわけではなく、アステカ神話とも多くの共通点があった。アステカのように、後古典期のユカタンやグアテマラ高地の人々は前世があったこと、そして現世がつくられる前には洪水があったことを信じていた。シュバランケとフンアフプが地下界へ父探しの旅に出て死神を倒すのも、ケツァルコアトルが前世の人々の骨を手に入れるために冥府へ行くエピソードを思わせる。古典期マヤの美術を見れば、キチェの神話もアステカの神話も、その基調はほとんど変わらないことがわかる。つまりいずれの場合も、地下界への旅には、人間をつくるための材料を探すという目的があったと思われるのである。父親を蘇生させる双子の英雄を描いた古典期の土器は、マヤの物語がたいへん古くからあったことを示すものであり、後になってメキシコ中央部から移入されたものではないことを端的に物語っている。

たしかに、マヤ神話には後古典期のメキシコ中央部の影響を受けたとみられる側面もある。『ポポル・ヴフ』を例にとれば、グクマッツという羽毛の蛇やトリ

古典期後期マヤの壺より。ドレスデン絵文書 74 頁に描かれた天空の帯を彷彿とさせることから、古典期に表わされた洪水のワニである可能性がある。

ャンの都が出てくるし、ユカタンに伝わるイツァム・カブ・アインのエピソードにしても、大地の怪物をばらばらにしたというアステカ神話と関連があるのは明らかだ。前に触れたマヤパン遺跡の四つん這いの怪物の彫刻にいたっては、神話ばかりか、図像までアステカから移入されていた可能性を示唆している。だが古典期のマヤでも、ワニが洪水と関連づけられていたことは十分考えられる。というのは、現存する古典期後期の土器に、死と水のしるしが天からワニの上に落ちてくる場面が描かれており、ドレスデン絵文書七四ページの天空の帯の場面によく似ているからだ。この場面と関連する日付は「四アハウ・八クムク」となっているから、長期暦の暦元、西暦でいえば紀元前三一一四年ということになる。この長期暦の起点こそ、洪水が起こり、世界が再生されたと古典期に考えられた時期だったのではあるまいか。もしそうだとするなら、古典期において長期暦の重要な節目ごとに石碑が建立されたのも、現世創造の際、世界樹を立てたという神々の行為を再現するためだったのかもしれない。

メソアメリカの神話

記録に残っている古代メソアメリカの創造神話は、必ずと言っていいほど自然界と結びついているのが特徴だ。実際、風の神、稲妻の神、水の神というように、天体や自然現象と関連のある神は頻繁に登場する。それが農耕にかかわる現象ともなればなおさら重要な役割を演じることになり、人間の肉までがトウモロコシからつくられたと『ポポル・ヴフ』は伝えている。こうしたことから、人間が生まれながらにして万物をつかさどる神々に対し、責任を果たさねばならなかったこと、言ってみれば血の債務を負っていたことがわかる。世界が幾度となく創造と破壊をくり返すのも、人間がこの義務を怠るとどうなるかを思い知らせるためであった。

暦法と占星術についても、これらが自然界の出来事を予測し、観測するのに欠かせない指針だったことを考えれば、古代メソアメリカ神話のなかで重要な位置を占めていたのもうなずける。世界の創造と破壊の神話は、暦と結びつけて記されていることが多く、その典型が後古典期後期のユカタンだった。後古典期後期のユカタンでは、世界の破壊と再生をくり返し描写することで、三六五日暦やカトゥンの終了を表わしたのである。だが、メソアメリカの暦の出来事と神話との関係は、単に比喩的なものだったわけではない。暦の周期は、実は世界が滅亡する時期を占うために使われていた。一つの周期が終わるとき、神々と他の生き物が再び対決することによって、恐ろしい力が生じると考えられていたからだ。

こうして古代メソアメリカの暦、占星術、神話は渾然一体となり、一つの信仰の形態がつくりあげられた。アステカでは〈暦の周期《カレンダー・ラウンド》〉が一巡する五二年目に、「新しい火の儀式」が執り行なわれ、テノチティトランの人々は星の動きを観察しながら、世界が滅亡するのか、あるいはこのまま続行するのか、固唾《かたず》をのんで見守ったという。太陽、惑星、星といった天体がメソアメリカの人々の生活に与えた多大な影響は、神話にも反映されている。メキシコ中央部の神話にひろく登場するトラウィスカルパンテクトリ、ミシュコアトル、トナティウは太陽や星の神である。また、リンダ・シーリとデビッド・フリデルは最近の研究で、古典期マヤの人々が太陽の見かけ上の通り道である黄道のなかの星座の動き、つまり旧世界でいう獣帯のなかを運行する星座の一年間の移り変わりを、双子の英雄と父親のシバルバへの旅路に見立てていたのではないかと指摘している。天の川をマヤ諸語で〝シバル・ベ〟、すなわち「シバルバの道」と言うことが、これを裏づけているというのである。こうした研究が進むにつれ、メソアメリカ神話の原型となったのは、星々や惑星の運行ではなかったかという、興味深い可能性も出てきた。

メソポタミアやエジプト、ギリシャなどの旧大陸の神話と比べると、古代メソアメリカ神話についてわかっていることはあまりに少ない。実際、私たちは征服時に現存していた神話でさえごく一部しか知らないのだから、古典期の神話ともなればなおさらである。すでに指摘したように、フェイエルバリー＝メイヤー絵文書の第一ページ、テスカトリポカがシウテクトリに殺される場面も、古代メキシコ中央部の資料には残っていないものであるし、ボルジア絵文書の中程に出てくるたくさんのエピソードについても同じことが言える。古典期マヤについていえば、神話のエピソードらしき場面が土器に描かれていても、それが『ポポル・ヴフ』とも、後古典期、植民地時代、さらには現代のマヤの神話とも直接結びつかない場合が多い。その好例が多彩色土器によく描かれている場面、老神の被りものや宝器をウサギが盗む図だろう。この老神がマヤで何と呼ばれていたのか、それさえもわかっていないため、今のところは〝L神〟とだけ呼ばれている。

だが、そうした古典期マヤの神話も、いつまでも埋もれたままということはあるまい。マヤ文字の解読は近年、急速な進歩を遂げており、そのおかげでマヤの個々の神々の名前や機能を読みとることも可能になった。今の古代マヤ学は、言ってみれば一九世紀、エジプトの象形文字やメソポタミアの楔形文字が解読されたことで、相次いでさまざまな見解や解釈が生まれたあの時期にあるのではないかと思う。だから、これから数十年後には、古代マヤ宗教の研究は最も刺激的な時期を迎えるはずである。

メソポタミアやエジプト、ギリシャなどの旧世界の神話と違って、本書でとりあげた神話のエピソードや神々の多くは、今も現代メソアメリカ神話の一部分として生き続けている。たとえばナナワツィンの冒険は、今日でもナワトル語を話すシエラ・デ・プエブラの人々の話の引き合いに出されているし、メキシコ西部

古典期後期マヤの壺より。L神から衣服と勲章を奪うウサギが描かれている。

古典期のフン・フンアフプ、トウモロコシ神が大地の象徴である亀の甲羅からよみがえる場面。両側には二人の息子、フンアフプとシュバランケが描かれ、それぞれ三人であることを示す名前のマヤ文字が付記されている。古典期後期の鉢の内側。

のコラ人、ウィチョル人の神話にはアステカ神話と多くの類似点が見いだされる。『ポポル・ヴフ』のいわば古典期マヤ版の物語が、キチェの叙事詩に光をあててくれるように、現代の神話も簡潔すぎるきらいがある征服時の文献を解明するうえで、重要な手がかりとなる。ケクチ人、モパン人といった現代のマヤの部族の神話には、『ポポル・ヴフ』と関連のあるエピソードやモチーフが出てくる。オアハカ州やベラクルス州のミヘ人、ポポルカ人、トトナカ人の現代の神話についても同じことが言えるが、これらにはトウモロコシ神の起源など、『ポポル・ヴフ』とまったく一致している部分さえある。たしかに現代メソアメリカ神話には、カトリックの聖者や比較的新しい歴史的事実といった、元来先スペイン期のものでなかった要素も含まれてはいる。しかし、こうした事実は神話の伝承が廃れはじめていることを意味するものではない。むしろ、メソアメリカの人々が絶えず変化を続ける世界に適応しながら、口承技術を発展させてきた証拠ではないだろうか。

読者への文献案内

一口にメソアメリカの宗教と言っても広範かつ複雑なテーマなので、全般にわたって書かれた文献となるとその数はけっして多くはない。概説書としては、D. Carrasco の *Religions of Mesoamerica*（San Francisco, 1990）があり、アステカ・マヤの儀式と観念について二章にわたって書かれている。メソアメリカ宗教の序説をとり入れた M. Miller と K. Taube の *Gods and Symbols of Ancient Mexico and the Maya*（London, 1993）は、宗教述語学の図版入り事典である。また、R. Markman と P. Markman の *Flayed God*（San Francisco, 1992）では、メソアメリカ神話に力点が置かれ、植民地時代初期の文献の翻訳も収められている。このほかメソアメリカ神話を扱ったものとしては、J. Bierhorst の *The Mythology of Mexico and Central America*（New York, 1990）が古代・現代のメソアメリカ神話を網羅した価値の高い書といえる。

しかしアステカとメキシコ中央部の宗教を扱ったものとして忘れてならないのは、なんといってもE・ゼーラーのまとめた膨大な論文であろう。大著、*Gesammelte Abhandlungen zur Amerikanischen Sprach-und Altertumskunde* の英訳（Culver City, Calif., 1990-92）は近年出版され、今のところ第三巻までが入手可能となっている。アステカの世界観や人生観について論じたものとしては、M. León-Portilla の *Aztec Thought and Culture*（Norman, Okla., 1963）が優れている。また、Matos Moctezuma の *The Great Temple of the Aztecs*（London, 1988）は、ウィツィロポチトリ神話やテンプロ・マヨールで行なわれた最近の発掘調査を詳述した書である。

アステカの宗教に関する植民地時代の主な資料としては、『フィレンツェ文書』が最も重要であろう。A. Anderson と C. Dibble の共訳による優れた英訳（Santa Fe, New Mex., Salt Lake City, Utah, 1950-82）も出ている。ナワトル語を原典とする *Leyenda de los soles*（『太陽の伝説』）の最近の英訳としては、J. Bierhorst の

Mythology of the Aztecs: The Codex Chimalpopoca（Tucson, Ariz., 1992）に収められたものがある。また*Histona de los mexicanos por sus pinturas*（『絵によるメキシコ人の歴史』）、および*Histoyre du Mechique*（『メキシコの歴史』）は、A. M. Garibay の *Teogonía e historia de los Mexicanos*（Mexico City, 1965）に収められている。

古代マヤの宗教を研究するうえで不可欠なのがマヤ文字の解読である。マヤ文字の解読の歴史と特性について書かれた最近の文献としては、S. Houston の *Maya Glyphs*（London and Berkeley, 1989）、および M. Coe の *Breaking the Maya Code*（London, 1992）の二冊があげられる。また古典期マヤの文字と宗教に関する最近の研究成果を紹介したものとしては、L. Schele と M. Miller の *The Blood of Kings*（Fort Worth, Tex., 1986, and London, 1992）をお薦めしたい。拙著 *The Major Gods of Ancient Yucatan*（Washington, D.C., 1992）では古代マヤの神々の個性および図像について述べた。マヤの壺に描かれた場面を集めてエッセイを付記したJ. Kerr による図版集、*The Maya Vase book*（New York, 1989, 1990, 1992）

は、現在第三巻まで出版されている。

『ポポル・ヴフ』の翻訳はいくつも出ているが、とくにお薦めしたいのはA. Recinos訳（Norman, 1950）とD. Tedlock訳（New York, 1985, 1996改訂新版）の二冊である。A. Tozzerによる*Landa's Relación de las Cosas de Yucatan*（Cambridge, Mass., 1941）は、ランダの『ユカタン事物記』の有益な翻訳であると同時に、後古典期後期のユカタンの宗教に関して多くの情報を提供してくれる。また、植民地時代に書かれたユカタンの『チラム・バラムの書』で最も有名なのはチュマイエル、ティシミン、マニの三書であるが、チュマイエル版ではR. Roys編（Norman, 1967）が最も推賞できる。ティシミンについては、M. Edmonsonによる全訳（Austin, Tex., 1982）が出ており、マニもE. CraineとR. Reindorpによる英訳*The Codex Pérez and the Book of Chilam Balam of Mani*（Norman, 1979）がある。

現代メソアメリカの神話伝説についても重要な研究が多数あり、出版されているものの多くは先スペイン期の神話と関連があると言ってよいだろう。このうちメキシコ中央部のナワ神話に関連する出版物としては、J. Taggart の *Nahuat Myth and Social Structure*（Austin, 1983）、K. Preuss が一九〇七年に集めた文献を編集した *Mitos y cuentos Nahuas de la Sierra Madre Occidental*（Mexico City, 1982）の二つが価値が高い。現代マヤ人の神話では、チアパス州に住むツォツィル族の神話が代表的で、とくに重要な書としては、G. Gossen の *Chamulas in the World of the Sun*（Cambridge, Mass., 1974）および R. Laughlin の *Of Cabbages and Kings*（Washington, D.C., 1977）の二つがある。また A. Burns による *An Epoch of Miracles*（Austin, 1983）には、ユカタンのマヤの記述を集めたものが収録されている。

文庫版解説　メソアメリカの神話と歴史

青山和夫

本書は、アメリカ人の人類学者・美術史学者でメソアメリカ文明の図像研究の第一人者カール・タウベ（カリフォルニア大学リバーサイド校人類学部教授）の代表作の一つ『Aztec and Maya Myths』の邦訳の文庫版である。テキサス大学出版局は、過去の諸社会の代表的な神話を一般読者に簡潔に紹介する「神話上の過去（The Legendary Past）」シリーズを出版している。メソポタミア、エジプト、ギリシア、ローマ帝国、北欧、ケルト、エトルリア、インド、インカなどと共に、本書はその一冊をなす。ちなみに解説者は勤務校の茨城大学のゼミで、丸善より一九九六年に出版された同書の邦訳を輪読文献として活用した。

タウベは、メソアメリカのアステカとマヤの代表的な神話を選び、それらの概要を手短に解説する。先スペイン期（スペイン人が侵略する一六世紀以前）の遺跡、石碑、石彫、壁画、彩色土器、土偶や絵文書の図像や文字、植民地時代（一六世紀〜一八二一年）の絵文書、植民地時代建造のカトリック教会の前で開かれるグアテマラの現代マヤ人の市場など、多くの図版と写真が、神話のエピソードや登場する神々に関する読者の理解を助ける。巻末の「読者への文献案内」では、タウベが本書を書くために活用した文献一覧ではなく、神話を描写した歴史文書や代表的な神話の研究書を例示する。

タウベは本書の「序」において、先スペイン期のメソアメリカの神話のエピソードや登場する神々には、旧世界（ユーラシア・アフリカ大陸）と驚くほど似ているものがあるが、これらはアメリカ大陸において独自に形成されたと明言する。一六世紀以前に、旧世界とアメリカ大陸の人々の間に交流があったという形跡はない。メソアメリカ文明を人類史の中で位置付ける上で、メソアメリカがアメリカ大陸で独自に興隆した一次文明であったことを解説者は強調したい。一次文明とは、メソポタミア文明、中国文明や南米のアンデス文明と同様に、もともといかなる文明もないところから独自に生まれたオリジナルな文明を指す。つまり、メソアメリカ文明は、「世界四大一次文明」の一つを構成した。ちなみにメソアメリカの「メソ」は「中間、中央」を意味し、メソアメリカはアメリカ大陸の中央部を指す。

今なお中学歴史の教科書に掲載される、いわゆる「世界四大文明」（メソポタミア、エジプト、インダス、黄河）は学説ではない。これは、考古学者の江上波夫が関わった高校世界史教科書に一九五二年に登場した教科書用語である。「世界四大文明」は、アメリカ大陸の二大一次文明（メソアメリカとアンデス）を排除する特異な文明観であり、欧米には存在しない。ユーラシア史家の杉山正明によれば、江上はマヤやアンデスなど世界には他に文明が栄えたことを認めていたが、「四大文明」と言ったのは「口調がいいから」と語ったという。ところが「世界四大文明」は一人歩きして、マスメディアや教科書に長年取り上げられ、旧世界中心的な人類史観を形成してきたのが問題といえよう。

本書の「古代メソアメリカ史」の章では、先スペイン期のメソアメリカで興亡したメキシコ湾岸低地南部のオルメカ、オアハカ盆地のサポテカ、ユカタン半島一帯のマヤ、メキシコ中央高原のテオティワカン、トルテカとアステカといった諸文明について時代順に説明する。古代メソアメリカはAncient Mesoamericaの訳であるが、ここでいう「古代」は日本列島の縄文時代から室町時代に相当し、日本史の古代とは異なるので気を付けていただきたい。その次の「古代メソアメリカの宗教」の章においては、暦法、昼と夜、双子、役割モデルと品行といった、メソアメリカの宗教や神話を理解する上で重要かつ基本的な事項・概念について説明する。先スペイン期や植民地時代のメソアメリカでは、神話、歴史、政治的宣伝は明確に区別されなかったことを、解説者は指摘しておきたい。

「主な資料と研究史」の章では、アステカとマヤの神話に関する数々の歴史文書とそれらを分析した研究者たちの研究内容について言及する。大部分の歴史文書は、植民地時代にスペイン人征服者あるいはスペイン文化の影響を大きく受けた先住民支配層が記したものである。本書の残りの多くのページは、「アステカの神話」と「マヤの神話」に二分される。どちらの章も、具体的な神々についての記述が多い。タウベは、とりわけ創世神話に焦点を当て、人間とトウモロコシの起源について詳しく叙述する。

タウベは、最後の「メソアメリカの神話」という短い章において、メソポタミア、エジプトやギリシアと比べて、メソアメリカの神話についてわかっていないことが多いと述べる。一方で、先スペイン期の神話のエピソードや多くの神々が、現代メソアメリカ先住民たちの神話の一部分として生き続けていることを重視する。現代メソアメリカ神話には、カトリックの聖人たちや植民地時代以降の出来事も含まれるが、先住民たちが変化し続ける世界に適応して、口頭伝承を通して彼らの神話を創造し続けていると結論する。

アステカ王国とマヤ文明の文字・神話

さてアステカ王国（一四二八〜一五二一年）は一枚岩的な「帝国」ではなく、メキシコ盆地のテノチティトラン（メシーカ人の都市で現在のメキシコ市）、テスココ（テッココ、アコルワ人の都市）、トラコパン（テパネカ人の都市）の三都市同盟を中心とするメソアメリカ最大の王国として発展した。公用語はナワトル語であった。ナワトル語は、現代メキシコで最多の先住民言語であり、ナワトル語を話すナワ先住民は一六五万人を超える。

「アステカの神話」の章では、植民地時代の民族史料に基づき建国神話について詳しく紹介する。テノチティトランの大神殿（テンプロ・マヨール）は、「聖なる山」のレプリカであった。それは、ナワトル語で「蛇の山」を意味するコアテペクと呼ばれた。コアテペクは、北方の伝説上の起源の地アストランを出発したメシーカ人が、遍歴の旅の途中、メキシコ盆地に到達する前に滞在した地とされる。メシーカ人のいわば「正式な歴史」の一部をなす移住譚が、テノチティトランの大神殿において再現された。大神殿は単なる公共祭祀建築ではなく、アステカ支配層の「正式な歴史」を誇示する場でもあったといえよう。

アステカの文字は、マヤ文字ほど精密ではなかったが、表意・表音両方の機能を有して宗教、暦、天文から租税まで記録された。絵文書の作者と読み手は貴族であった。絵文書を黙読するのではなく、絵文書を人々に指し示しながら内容を語るという公共的な口頭パフォーマンスが重要な政治的役割を果たした。語られた出来事の中には、メシーカ移住史のように、支配層のイデオロギーを示す内容も含まれていた。メシーカ王家のようなアステカ支配層は、絵文書もその権威を示す政治的装置であることを十分に理解して活用したのである。

ユカタン半島一帯に広がるマヤ地域は、テノチティトランから一〇〇〇キロメートル以上も離れている。マヤ文明（前一〇〇〇年頃～一六世紀）は、アステカ王国より二四〇〇年以上も前に勃興し、先スペイン期アメリカ大陸で文字（四万～五万）、算術、暦、天文学を最も発達させた。マヤ文字は、漢字のように一字で一つの単語を表す表語文字と仮名文字のように一字で一音節を表す音節文字からなり、文字の読み書きは、王族・貴族の特権であった。マヤ文明の末裔である計三〇のマヤ諸語を話す現代マヤ人は、八〇〇万人を超える。彼らはメキシコ、グアテマラ、ベリーズやホンジュラス等で生活し、ラテンアメリカ社会の一部を構成している。マヤ人の人口は減るどころか増え続けている。マヤは、ナワと同様に現在進行形の生きている文化なのである。

マヤ文明にはアステカの建国神話に匹敵するような神話はないが、タウベは考古学調査、マヤ文字の碑文の解読や図像研究に基づき先スペイン期のマヤの神話の復元を試みる。現存するマヤ文字の碑文の多くは、古典期（二〇〇～九〇〇年）に属する。本書が出版された一九九三年以降の大きな発見をいくつか紹介すると、グアテマラのサン・バルトロ遺跡にある前三世紀の神殿ピラミッドの壁画に記された現在のところ最古のマヤ文字の碑文が挙げられる。アハウ（支配者・王）の文字を含む王の事績を記した碑文やトウモロコシの神の図像などが、筆で描かれた。マヤ文字の書体の完成度が高いので、今後の発掘調査でより原初的で古いマヤ文字が見つかるに違いない。なおタウベが二〇〇三年からサン・バルトロ遺跡の考古学調査に参加し、図像研究を担当したことは特筆に値する。

本書に紹介された従来の学説では、メソアメリカ最古の羽毛の生えた蛇神の図像は、メキシコ中央高原のテオティワカン遺跡で後二〇〇年頃に建てられた「羽毛の生えた蛇の神殿」を装飾した羽毛の生えた蛇の巨大な石彫とされ、後にマヤ文明に移入されたと考えられた。サン・バルトロ遺跡で二〇〇一年に発見された前一世紀の神殿ピラミッドの壁画には、マヤの創世神話が表象された。羽毛の生えた蛇が、アハウを記した碑文、玉座に座って王冠を受け取る王、トウモロコシの蒸し団子タマルをトウモロコシの神に捧げる女性、雨、嵐と稲妻の神などと共に多彩色で描かれ、羽毛の生えた蛇神がマヤ文明起源であることが実証された。つまり羽毛の生えた蛇神は、マヤ地域からメキシコ中央高原に伝えられたのである。

またタウベは、テオティワカン遺跡最大の「太陽のピラミッド」が「天然の洞窟の真上に建てられている」と書いたが、その後の発掘調査によって実際は人工的に掘られた「洞窟」であったことが判明した。大都市テオティワカンの人口を「二〇万人」と記述したが、その後の研究によって約一〇万人に修正された。さらにタウベは、「原古典期（前一〇〇年〜後二〇〇年）、つまりちょうどマヤ文明の始まった時期」としたが、二〇〇五年以来の解説者らによるグアテマラのセイバル遺跡やメキシコのアグアダ・フェニックス遺跡の考古学調査によって、マヤ文明が前一〇〇〇年頃に勃興したことがわかった。

スペイン侵略後のマヤ先住民文書

スペイン人征服者は、植民地時代にマヤ文字の読み書きを禁止した上に、王族・貴族の子弟を集めてアルファベットを教えた。その結果、マヤ文字の使用は途絶えていったが、マヤ人の支配層書記はアルファベットを用いて、したたかかつ秘かに先スペイン期から伝わる神話、歴史や暦などを筆写していった。「マヤの神話」の章では、『ポポル・ウーフ』の記述が中心を占める。それはキチェ・マヤ人の複数の貴族が、一五五四〜一五五八年頃に歴史伝承とマヤ文字の書物を編集して、アルファベットを使ってキチェ語で書いた創世神話・歴史書である。スペイン語版の邦訳は『ポポル・ヴフ』と表記されているが、キチェ語で「紙（書）」を意味するのはウーフなので、『ポポル・ウーフ（「会議の書」）』と呼ぶべきであろう。

ドミニコ会士フランシスコ・ヒメネス神父は、一七〇一年から一七〇四年の間にグアテマラのチチカステナンゴ町で『ポポル・ウーフ』を入手し、キチェ語で筆写してスペイン語の対訳を付けた。その後『ポポル・ウーフ』は、フランス語、英語、ドイツ語、イタリア語、ロシア語、セルビア語、ハンガリー語、ルーマニア語や日本語など様々な言語に訳されて、マヤ神話・歴史書の世界的なベストセラーになっている。内容は大別すると三部からなり、創造神たちによる万物創造、優れた球技者であった双子の英雄の活躍や地下界シバルバ攻略、キチェ王朝の創始にまつわる伝説からスペイン人の侵略などについて書かれた。

一方で『チラム・バラムの書』は、ユカタン半島北部の各地で保存されていたマヤ先住民文書の総称である。「チラム」は、ユカタン・マヤ人の予言者あるいは神々の代弁者を指す神官であった。「バラム」は、ユカタン語でジャガーを意味するが、先スペイン期・植民地時代のユカタン半島で名誉ある個人名や称号だった。これらの史料は、『ポポル・ウーフ』よりも新しく、一八世紀か一九世紀にアルファベットを使ってユカタン語で書き残されたもの、あるいはその写本である。

本書で紹介されるユカタン州のチュマイエル、ティシミン、マニの町以外にも、ユカタン州のイシル、カウア、テアボ、テカシュおよびキンタナロー州のトゥシク、チャン・カフの町の計九つの書が残っているが、もともとはさらに多くの書が存在した。内容は、七世紀から一九世紀までのユカタン・マヤ人の歴史、神話、伝説、予言、占い、暦、天文学、文芸、宗教儀礼、医術など多岐にわたる。当然ながら植民地時代のユカタン半島のマヤ人は、スペイン文化の影響を強く受けており、『チラム・バラムの書』にはキリスト教の教義、スペイン語の借用語、スペインの占星術や物語の翻訳も含まれる。

『チラム・バラムの書』は、マヤ人の暦、歴史、神話、宗教やユカタン語の研究などに役立つ貴重な史料だが、史実かどうか慎重に解釈する必要があろう。というのは、後古典期（九〇〇年〜一六世紀）・植民地時代のユカタン・マヤ人は、時間を循環的に捉える時間哲学をもっており、歴史は一三カトゥン（約二五六年）ごとに繰り返すと考えていたからである。上述のように、彼らは神話、歴史、政治的宣伝を明確に区別せず、政治的宣伝のために歴史を改ざんした。たとえば、『チュマイェルのチラム・バラムの書』には、ユカタン半島西部の名門シウ家の「正式な歴史」が記されたのに対して、『ティシミンのチラム・バラムの書』にはユカタン半島東部の名門イツァ家のそれが書かれたのである。

著者カール・タウベの経歴

さてカール・タウベは、一九五七年にシカゴ市で誕生した。父親のヘンリー・タウベは、コーネル大学、シカゴ大学やスタンフォード大学で化学の教授を歴任し、一九八三年にノーベル化学賞を受賞した。カールは幼少期にカリフォルニア州に引っ越し、五歳の時に叔母からメキシコのマヤ文明の遺跡のガイドブックをプレゼントされた。この五歳の少年は、マヤ文明にすっかり魅了され、一生をその研究に捧げる決意をしたという！

カールはスタンフォード大学で勉強した後に、カリフォルニア大学バークレー校を卒業して、一九八〇年にイェール大学の大学院に進学し、マヤ文明の大家マイケル・

コウ教授に師事した。大学院生のカールは、一九八三年と一九八四年にキンタナロー州のユカタン・マヤ人の集落に住み込んで民族学・言語学調査を行い、ユカタン語を習得した。その後、メキシコのキンタナロー州のヤラハウ地域、チアパス高地やボナンパック遺跡、メキシコ中央高原、ホンジュラスの世界遺産コパン遺跡やグアテマラなどで野外調査を実施し、メソアメリカとアメリカ合衆国南西部の図像学や美術史の研究を世界的にリードする。

なお一九九〇年代のコパン遺跡では、当時ピッツバーグ大学の大学院生の解説者が、若手研究者であったカールと共にハーバード大学のウイリアム・ファーシュ教授が指揮するコパン・アクロポリス考古学プロジェクトに参加し、その後もアメリカ、メキシコやグアテマラの国際学会及びEメール等で意見や情報を交換し続けていることを付記しておく。

（あおやま・かずお　茨城大学教授・マヤ文明学）

参考文献

青山和夫『マヤ文明――密林に栄えた石器文化』（岩波新書、二〇一二）

青山和夫・井上幸孝・坂井正人・大平秀一『古代アメリカ文明——マヤ・アステカ・ナスカ・インカの実像』（講談社現代新書、二〇二三）
Taube, Karl *Studies in Ancient Mesoamerican Art and Architecture. Selected Works by Karl Andreas Taube* Volume 1 (Precolumbia Mesoweb Press, San Francisco, 2018).

本書は丸善より一九九六年三月三〇日に刊行された。

丸善版の翻訳に当っては、国立民族学博物館名誉教授の八杉佳穂先生に訳文の校閲をいただいている。

ツァラトゥストラ 上
ニーチェ全集9
F・ニーチェ
吉沢伝三郎 訳

雷鳴のように突如としてニーチェを襲った永遠回帰思想の霊感。万人のための運命の書というべき奇跡的作品。第一部から第二部まで。

ツァラトゥストラ 下
ニーチェ全集10
F・ニーチェ
吉沢伝三郎 訳

ニーチェの哲学の根本思想が苦悩と歓喜のもとに展開される詩的香気に溢れた最高傑作。第三部から第四部まで。（吉沢伝三郎）

善悪の彼岸 道徳の系譜
ニーチェ全集11
F・ニーチェ
信太正三 訳

道徳と宗教の既成観念を撃つニーチェの思想の円熟期を代表する重要作『善悪の彼岸』とその終楽章ともいうべき『道徳の系譜』。（信太正三）

権力への意志 上
ニーチェ全集12
F・ニーチェ
原 佑 訳

理論的主著として計画され、未完のまま残された遺稿群の集成。ニーチェの世界観形成の秘密に解明の光を投げかける精神の工房。（原佑）

権力への意志 下
ニーチェ全集13
F・ニーチェ
原 佑 訳

権力とは活動的生命の根源的な力である。ニヒリズムを超える肯定的な価値定立の原理を「権力への意志」に求めたニーチェ晩年の思索の宝庫。（原佑）

偶像の黄昏 反キリスト者
ニーチェ全集14
F・ニーチェ
原 佑 訳

キリスト教は、強者に対する弱者のルサンチマンにより捏造された！ 精神錯乱の直前、すべての価値の価値転換を試みた激烈の思索。（原佑）

この人を見よ 自伝集
ニーチェ全集15
F・ニーチェ
川原栄峰 訳

精神錯乱の前年に書かれた比類なき自己総括の書『この人を見よ』に、若き日の「自伝集」を併載し、ニーチェの思索の跡を辿る。（川原栄峰）

漢 書（全8巻）
班固
小竹武夫 訳

漢の高祖から新の王莽まで、『史記』に次ぐ第二番目の中国正史。人間の運命を洞察する歴史文学として底知れぬ魅力を湛えて後世史家の範となる。

漢 書 1
班固
小竹武夫 訳

前漢の高祖から平帝までの十二代、二百数十年に及ぶ正史。「文字の中に情旨ことごとく露る」と評された史書の範。初の文庫化。（橋川時雄）

漢書2
班固
小竹武夫訳

漢代の諸侯王や功臣など、さまざまな人物を分類した「表」全巻と、法律・経済・天文などの文化史「志」前半を収めた、血の通った歴史記録。

漢書3
班固
小竹武夫訳

古来、古書を学ぶ者にとって必読の書といわれる「芸文志」や、当時の世界地理を記録した「地理志」など、「志」の後半を収める。

漢書4
班固
小竹武夫訳

「権勢利欲の交わり、古人これを羞ず」。人臣の生きざまを、その弱さ愚かさまで含みこみ記述する、悲劇的基調の「列伝」冒頭巻。

漢書5
班固
小竹武夫訳

難敵匈奴をめぐる衛青、霍去病、張騫たちの活躍と、董仲舒、司馬相如、司馬遷ら学者・文人たちの群像を描く。登場人物の際立つ個性を活写。

漢書6
班固
小竹武夫訳

「心の憂うる、涕《なみだ》すでに隕《お》つ」。人間は、それぞれの運命を背負い、いかに生きるべきか。中国古代を彩る無名なるがゆえの輝きの数々。

漢書7
班固
小竹武夫訳

特色ある人物を、儒林・循吏・酷吏・貨殖・游俠・佞幸の六部門に分けて活写し、合わせて、漢民族の宿敵匈奴の英雄群像を冷静な目で描く。

漢書8
班固
小竹武夫訳

水のみなぎって天にはびこるごとく、漢帝国を奪った王莽は英雄か賊臣か。その出自と家系を語り、漢帝国の崩壊を描く圧巻。

インド神話
上村勝彦

悠久の時間と広大な自然に育まれたインド神話の世界を原典から平易に紹介する。神々と英雄たちが織りなす多彩にして奇想天外な神話の軌跡。

ユダヤ古代誌（全6巻）
フラウィウス・ヨセフス
秦剛平訳

対ローマ・ユダヤ戦争を経験したヨセフスが説き起こす、天地創造からイエスの時代をへて同時代（紀元後一世紀）までのユダヤの歴史。

謎解き『ハムレット』　河合祥一郎

優柔不断で脆弱な哲学青年――近年定着したこのハムレット像を気鋭の英文学者が根底から覆し、闇に包まれた謎の数々に新たな光のもと迫った名著。

日本とアジア　竹内好

西欧化だけが日本の近代化の道だったのか。魯迅を敬愛する思想家が、日本の近代化、中国観・アジア観を鋭く問い直した評論集。（加藤祐三）

ホームズと推理小説の時代　中尾真理

ホームズとともに誕生した推理小説。その歴史を黎明期から黄金期まで跡付け、隆盛の背景とその展開を豊富な基礎知識を交えながら展望する。

文学と悪　ジョルジュ・バタイユ　山本功訳

文学にとって至高のものとは、悪の極限を掘りあてることではないのか。サド、プルースト、カフカなど八人の作家を巡る論考。（吉本隆明）

来るべき書物　モーリス・ブランショ　粟津則雄訳

プルースト、アルトー、マラルメ、クローデル、ボルヘス、ブロッホらを対象に、20世紀フランスを代表する批評家が、その作品の精神に迫る。

プルースト 読書の喜び　保苅瑞穂

『失われた時を求めて』がかくも人を魅了するのはなぜなのか。この作品が与えてくれる愉悦を著者鍾愛の場面を通して伝える珠玉のエセー。（野崎歓）

中国詩史　吉川幸次郎　高橋和巳編

中国文学において常に主流・精髄と位置付けられてきた「詩文」。先秦から唐宋を経て近代まで、平明な文章で時代順にその流れが分かる。（川合康三）

宋詩選　小川環樹編訳

唐詩より数多いと言われる宋詩から、偉大なる詩人達の名作を厳選訳出して解釈する。親しみやすい漢詩論としても読める、選者解説も収録。（佐藤保）

ペルシャの神話　岡田恵美子

天地創造神話から、『王書』に登場する霊鳥スィームルグや英雄ロスタムの伝説までをやさしく語る。ペルシャ文学の第一人者による入門書。（沓掛良彦）

アレクサンドロス大王物語　伝カリステネス　橋本隆夫訳

アレクサンドロスの生涯は、史実を超えた伝説として西欧からイスラムに至るまでの世界に大きな影響を与えた。伝承の中核をなす書物。（澤田典子）

西洋古典学入門　久保正彰

古代ギリシア・ローマの作品を原本に近い形で復原すること。それが西洋古典学の使命である。ホメーロスなど、諸作品を紹介しつつ学問の営みを解説。

貞観政要　呉兢　守屋洋訳

大唐帝国の礎を築いた太宗が名臣たちと交わした政治問答集。編纂されて以来、帝王学の古典として屹立する。本書では、七十篇を精選・訳出。

初学者のための中国古典文献入門　坂出祥伸

文学、哲学、歴史等「中国学」を学ぶ時、必須となる古典の基礎知識。文献の体裁、版本の知識、図書分類他を丁寧に解説する。反切とは？　偽書とは？

詳講　漢詩入門　佐藤保

二千数百年の中国文学史の中でも高い地位を占める古典詩。その要点を、形式・テーマ・技巧等により系統だてて、初歩から分かりやすく詳しく学ぶ。

シュメール神話集成　杉勇　尾崎亨訳

「洪水伝説」「イナンナの冥界下り」など世界最古の神話・文学十六篇を収録。ほかでは読むことのできない貴重な原典資料。豊富な訳注・解説付き。

エジプト神話集成　杉勇　屋形禎亮訳

不死・永生を希求した古代エジプト人の遺した、ピラミッド壁面の銘文ほか、神への讃歌、予言、人生訓など重要文書約三十篇を収録。

宋名臣言行録　朱熹編　梅原郁編訳

北宋時代、総勢九十六名に及ぶ名臣たちの言動を大儒・朱熹が編纂。唐代の『貞観政要』と並ぶ帝王学の書であり、処世の範例集として今も示唆に富む。

資治通鑑　司馬光　田中謙二編訳

全二九四巻にもおよぶ膨大な歴史書『資治通鑑』のなかから、侯景の乱、安禄山の乱など名シーンを精選。破滅と欲望の交錯するドラマを流麗な訳文で。

十八史略

曾先之
今西凱夫訳
三上英司編

『史記』『漢書』『三国志』等、中国の十八の歴史書をまとめた『十八史略』から、故事成語、人物にまつわる名場面を各時代よりセレクト。（三上英司）

アミオ訳 孫子〔漢文・和訳完全対照版〕

守屋淳監訳・注解
臼井真紀訳

最強の兵法書『孫子』。この書を十八世紀ヨーロッパに紹介したアミオによる伝説の訳業がついに邦訳。その独創的解釈の全貌がいま蘇る。（伊藤大輔）

陶淵明全詩文集

林田愼之助訳注

中国・六朝時代最高の詩人、陶淵明。農耕生活から生まれた数々の名詩は、人生や社会との葛藤を映し出し、今も胸に迫る。待望の新訳注書、遂に成る。

和訳 聊斎志異

蒲松齢
柴田天馬訳

中国清代の怪異短編小説集。仙人、幽霊、妖狐たちが繰り広げるおかしくも艶やかな話の数々。日本の文豪たちにも大きな影響を与えた一書。（南條竹則）

フィレンツェ史（上）

ニッコロ・マキァヴェッリ
在里寛司／米山喜晟訳

権力闘争、周辺国との駆け引き、戦争、政権転覆……。マキァヴェッリの筆によりさらにドラマチックに彩られるフィレンツェ史。文句なしの面白さ！

フィレンツェ史（下）

ニッコロ・マキァヴェッリ
在里寛司／米山喜晟訳

古代ローマ時代からのフィレンツェ史を俯瞰することで見出された、歴史におけるある法則……。マキァヴェッリの真骨頂が味わえる一冊！（米山喜晟）

ギルガメシュ叙事詩

矢島文夫訳

ニネベ出土の粘土書板に初期楔形文字で記された英雄ギルガメシュの波乱万丈の物語。「イシュタルの冥界下り」を併録。最古の文学の初の邦訳。

メソポタミアの神話

矢島文夫

「バビロニアの創世記」から「ギルガメシュ叙事詩」まで、古代メソポタミアの代表的神話をやさしく紹介。第一人者による最良の入門書。（沖田瑞穂）

北欧の神話

山室静

キリスト教流入以前のヨーロッパ世界を鮮やかに語り伝える北欧神話。神々と巨人たちとが織りなす壮大な物語をやさしく説き明かす最良のガイド。

儀礼の過程　ヴィクター・W・ターナー　冨倉光雄訳

社会集団内で宗教儀礼が果たす意味と機能を明らかにし、コムニタスという概念で歴史・社会・文化の諸現象の理解を試みた人類学の名著。（福島真人）

日本の神話　筑紫申真

八百万の神はもとは一つだった⁉　天皇家統治のために創り上げられた記紀神話を、元の地方神話に解体すると、本当の神の姿が見えてくる。（金沢英之）

河童の日本史　中村禎里

ぬめり、水かき、悪戯にキュウリ。異色の生物学者が、時代ごと地域ごとの民間伝承や古典文献を精査。〈実証分析的〉妖怪学。（小松和彦）

病気と治療の文化人類学　波平恵美子

科学・産業が発達しようと避けられない病気に対し人間は様々な意味づけを行ってきた。「医療人類学」を切り拓いた著者による画期的著作。（浜田明範）

ヴードゥーの神々　ゾラ・ニール・ハーストン　常田景子訳

20世紀前半、黒人女性学者がカリブ海宗教研究の旅に出る。秘儀、愛の女神、ゾンビ――学術調査と口承文学を往還する異色の民族誌。（今福龍太）

子どもの文化人類学　原ひろ子

極北のインディアンたちは子育てを「あそび」とし、血縁や性別に関係なく楽しんだ。親子、子どもの姿をいきいきと豊かに描いた名著。（奥野克巳）

初版 金枝篇（上）　J・G・フレイザー　吉川信訳

人類の多様な宗教的想像力が生み出した多様な事例を収集し、その普遍的説明を試みた社会人類学最大の古典。膨大な註を含む初版の本邦初訳。

初版 金枝篇（下）　J・G・フレイザー　吉川信訳

なぜ祭司は前任者を殺さねばならないのか？　そして、殺す前になぜ〈黄金の枝〉を折り取るのか？　事例の博捜の末、探索行は謎の核心に迫る。

火の起原の神話　J・G・フレイザー　青江舜二郎訳

人類はいかにして火を手に入れたのか。世界各地より夥しい神話や伝説を渉猟し、文明初期の人類の精神世界を探った名著。（前田耕作）

ちくま学芸文庫

アステカ・マヤの神話《しんわ》

二〇二四年十一月十日　第一刷発行

著　者　カール・タウベ
訳　者　藤田美砂子（ふじた・みさこ）
発行者　増田健史
発行所　株式会社　筑摩書房
東京都台東区蔵前二―五―三　〒一一一―八七五五
電話番号　〇三―五六八七―二六〇一（代表）
装幀者　安野光雅
印刷所　株式会社精興社
製本所　株式会社積信堂

乱丁・落丁本の場合は、送料小社負担でお取り替えいたします。
本書をコピー、スキャニング等の方法により無許諾で複製することは、法令に規定された場合を除いて禁止されています。請負業者等の第三者によるデジタル化は一切認められていませんので、ご注意ください。
© Misako FUJITA 2024 Printed in Japan
ISBN978-4-480-51262-8 C0122